当不会做爸爸

康乐

著/绘

人 民 邮 电 出 版 社

北 京

图书在版编目（CIP）数据

学不会做爸爸 / 康乐著、绘. -- 北京 ：人民邮电
出版社，2022.1
ISBN 978-7-115-57842-6

Ⅰ．①学… Ⅱ．①康… Ⅲ.①家庭教育 Ⅳ．①G78

中国版本图书馆CIP数据核字(2021)第227794号

内 容 提 要

孩子从出生开始，到成长的每一天，爸爸妈妈都充满了各种担心和期待，孩子的每一样需求都是父母需要学习的全新课题，包括怎么让孩子健康快乐长大，怎么与孩子相处，怎么帮助孩子、教育孩子。在这个过程中，也许你会遇到各种焦头烂额的小插曲。

Luna 的家也不例外，她生活在一个幸福的四口之家，有爱她的爸爸、妈妈和弟弟。从她出生开始，爸爸便用漫画的形式记录了一家人生活中的小故事。本书精选了 35 个小故事，展现了 Luna 从 2 岁到 6 岁，她和弟弟在成长过程中一些让父母束手无策的"崩溃"时刻，虽然"崩溃"，但有时也充满了童真和趣味。

本书并不是育儿指导，只是想让大家知道，其实每个父母都一样，在养育孩子的道路上披荆斩棘，你的"崩溃"并不孤独。本书适合准父母、新手父母以及漫画爱好者阅读。

◆ 著 / 绘 康 乐

　　责任编辑 杨 婧

　　责任印制 陈 犇

◆ 人民邮电出版社出版发行　　北京市丰台区成寿寺路 11 号

　　邮编 100164　电子邮件 315@ptpress.com.cn

　　网址 https://www.ptpress.com.cn

　　雅迪云印（天津）科技有限公司印刷

◆ 开本：787×1092　1/20

　　印张：11.2　　　　　　　　2022 年 1 月第 1 版

　　字数：315 千字　　　　　　2022 年 1 月天津第 1 次印刷

定价：79.00 元

读者服务热线：(010)81055296　印装质量热线：(010)81055316
反盗版热线：(010)81055315
广告经营许可证：京东市监广登字 20170147 号

送给 Luna 和小野

目录

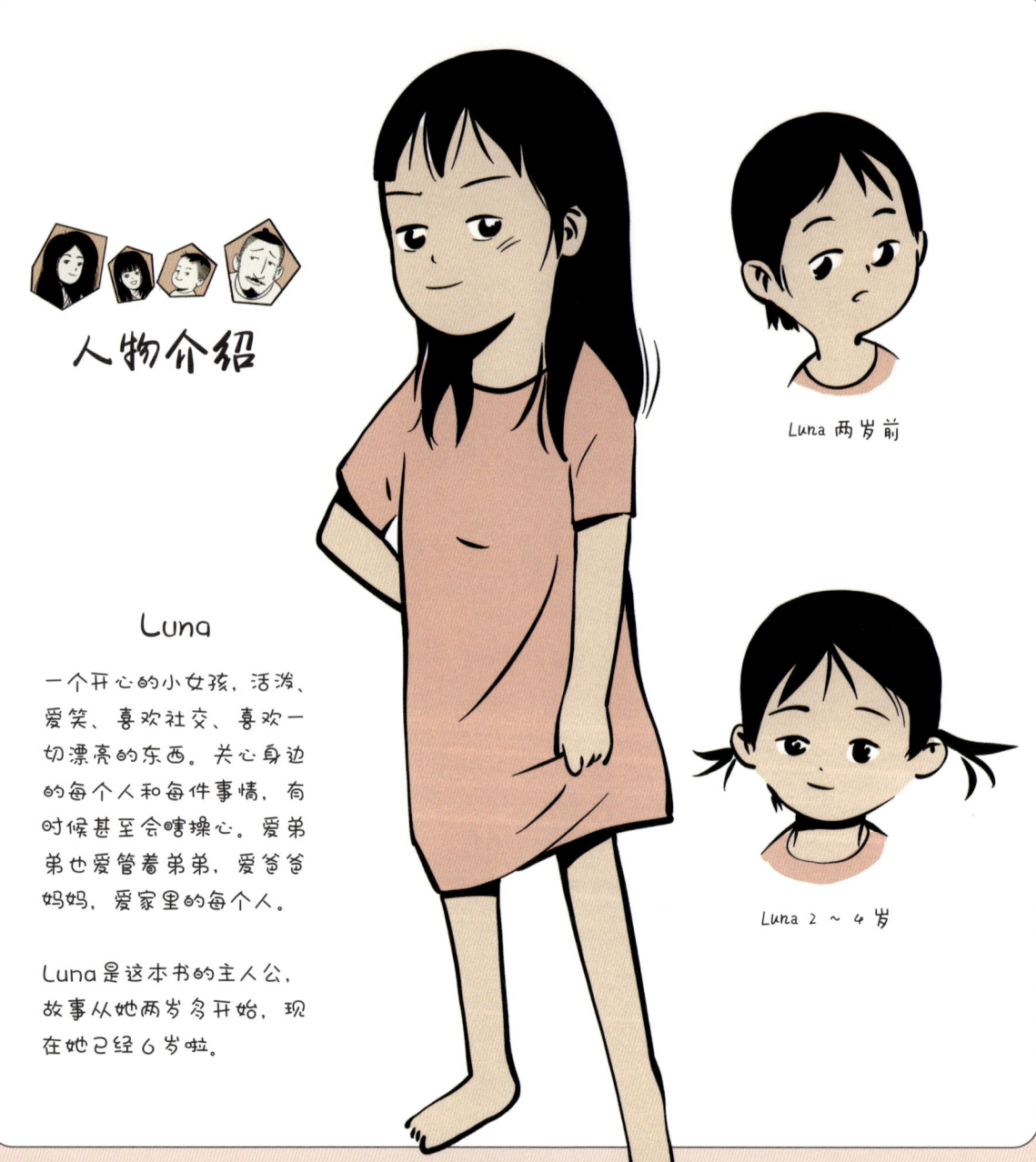

人物介绍

Luna

一个开心的小女孩，活泼、爱笑、喜欢社交、喜欢一切漂亮的东西。关心身边的每个人和每件事情，有时候甚至会瞎操心。爱弟弟也爱管着弟弟，爱爸爸妈妈，爱家里的每个人。

Luna是这本书的主人公，故事从她两岁多开始，现在她已经6岁啦。

Luna 两岁前

Luna 2～4岁

小野

比Luna小了岁的弟弟。小野是一个
胖胖的小男孩，这本书的故事从小野
即将出生开始，到他了岁。家里人叫
他小野、胖胖、胖野或者胖儿。其实
也不算胖啦，就是和姐姐比起来看着
圆墩墩的。

最喜欢恐龙和车车，还喜欢吃好吃的。

性格和姐姐完全不同，有点内向，有
点淘气。体力超级好，超级好，超级好。

小野一岁半以前

妈妈樱桃

世界上最棒的妈妈，做饭最好吃，最懂宝宝们，最懂育儿。是Luna心目中最美丽的女人，也是小野心目中最温柔的妈妈。

文字工作者，辛苦工作之余也能料理好家里的大事小情，还能让全家享受到最美味的食物。是全家幸福感的来源，也是一位无敌的妈妈。

老父亲

本书作者。

带娃和画漫画两件最消耗时间和精力的事情共同构成了老父亲的人生，带娃过程中总有些手忙脚乱和力不从心，愿意陪着孩子一起成长。

最爱两个宝宝，最最爱的是樱桃。

大家好，我是Luna

Hi，我是Luna，这是我的故事。

故事从我小时候开始，两岁多的时候。

其实现在也不大

我喜欢笑，特别喜欢。

1

还喜欢问问题，怎么有那么多奇怪的事情？

??？

不问清楚怎么行。

2

我喜欢坐飞机。

我最喜欢旅行了……

4

3

我最喜欢我的兔兔了，走到哪儿都要带着。

5

我也最喜欢打扮。

6

最最最喜欢公主裙子了！

7

我喜欢在家里爬上爬下。

8

我要到达家里的每个角落。

9

嘻

嘻

10

我喜欢吃好吃的。

11

谁不喜欢吃呢？

12

我喜欢坐在爸爸的肩上，也喜欢像妈妈一样工作。

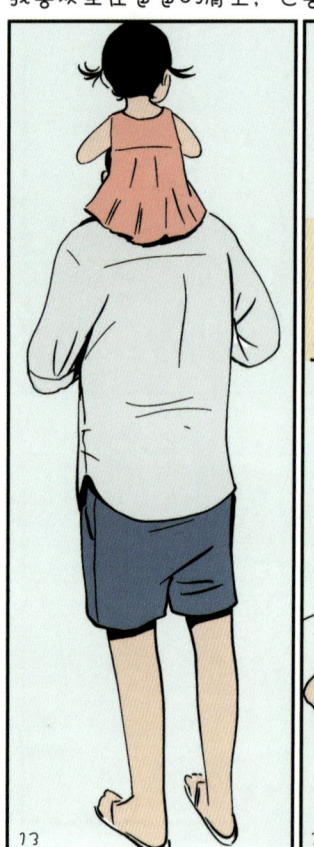

还喜欢像妈妈一样漂亮。

这是我的妈妈，她叫樱桃，她什么都棒！

这是我弟弟，他还在妈妈的肚子里。很快你们就会认识他。

清晨大考验

Luna 越来越喜欢幼儿园

可是……

清晨，是这么开始的……

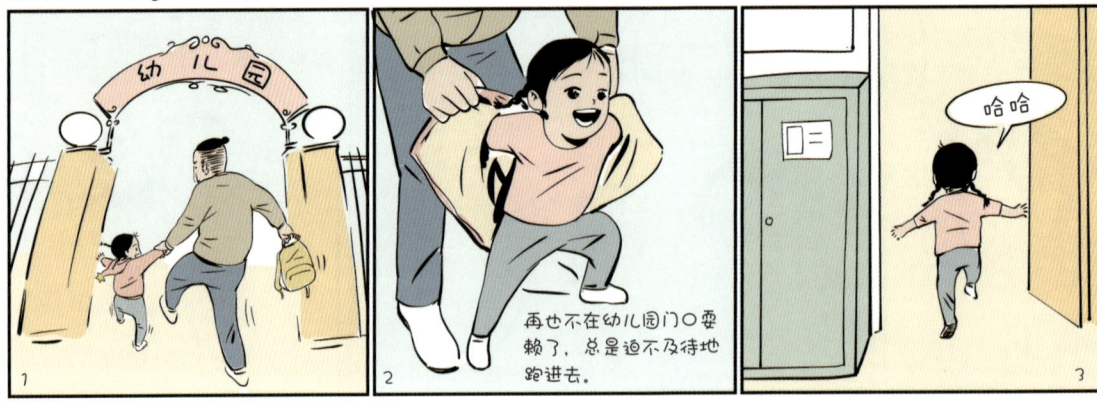

起来之后……

好不容易下了车……

可是如果来不及了，想抱她赶快走……

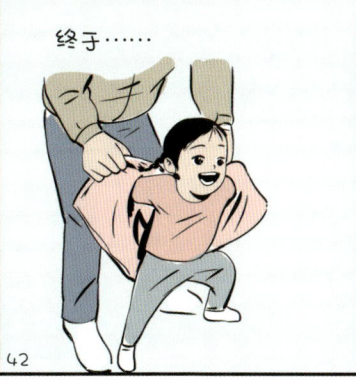

最后……

电量持久

你有没有觉得，小宝宝有放不完的电？电量至少可以持续"通话、上网、视频、游戏"整整一天。

1

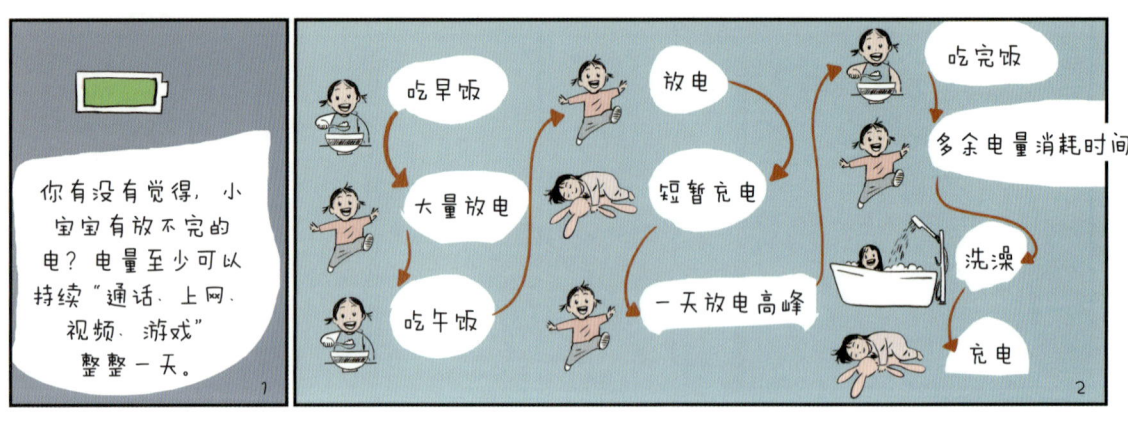

吃早饭 → 大量放电 → 吃午饭 → 放电 → 短暂充电 → 一天放电高峰 → 吃完饭 → 多余电量消耗时间 → 洗澡 → 充电

2

小宝宝电量分析：

Luna 会电量低，但是不会突然断电。

耗电

时间

电量持久到离谱

6:00　10:00　13:00　18:00　20:00

一天两充，续航 10~12 小时。

3

好像从来没有玩着睡着，被抱上床的情况，倒是总把大人熬没电了。

Luna 是个不断电的宝宝。

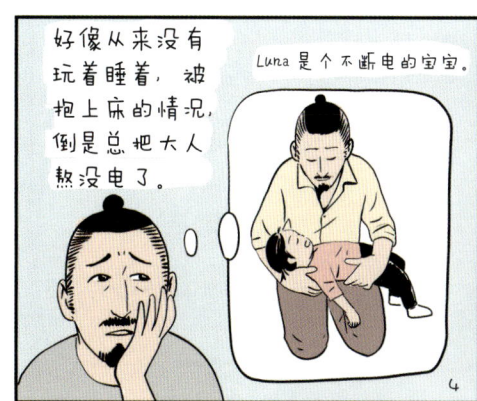

一家人的电量比例：

普通电量

超强电量！！！

因怀孕而电量严重不足，且极难充电。

每天如何把Luna 的多余电量耗尽，恐怕是一个世纪难题。

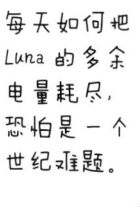

VS

6

任 Luna 爬上爬下，加速放电。

可她每天如此，也没见哪天电量不足。

出门去放电？出去一兴奋，电量更持久。

8

有人认为带娃去游乐园可以大量消耗一天的电量。

9

还可以坐下边喝咖啡边看娃疯……

带娃去游乐园就是出苦力……

爸爸推！

再来一次。

砰！

还要时刻紧张，充当保镖。

那个……

我先看到的！

呜……

爸爸看我。

Luna 坐下滑！

坐下！

哈哈哈

爬出

17

坏了

卡住了

18

19

Luna···
别跑！

20

有个大人
卡住了！

21

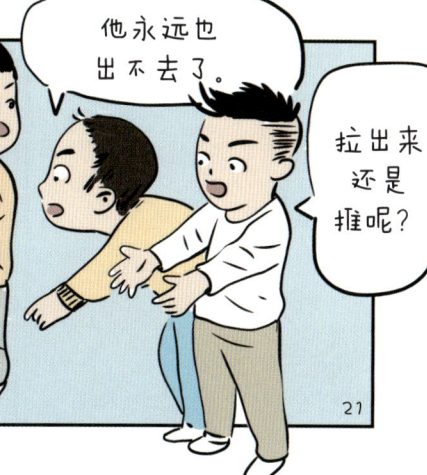

他永远也
出不去了。

拉出来
还是
推呢？

带娃的每一天，
爸爸都是奥特曼，
并不是因为拯救地球，
只因为每天都会······

22

突然电量低！

嘀

嘀

电量低，
请充电！

23

呼ZZZ！

我可没有备用电源。

爸爸起来呀！

陪娃的时候困出幻觉，可能有那么一瞬间真的睡着了。

陪Luna搭积木

"陪看动画片"睡着概率 **NO.2**

陪Luna做手工

陪Luna看动画片……

那什么是"陪娃时睡着概率"**NO.1**？

爸爸讲完这本故事书再睡。

小兔子就这样一直跑呀跑 ZZZZZZ

爸爸？

爸爸！

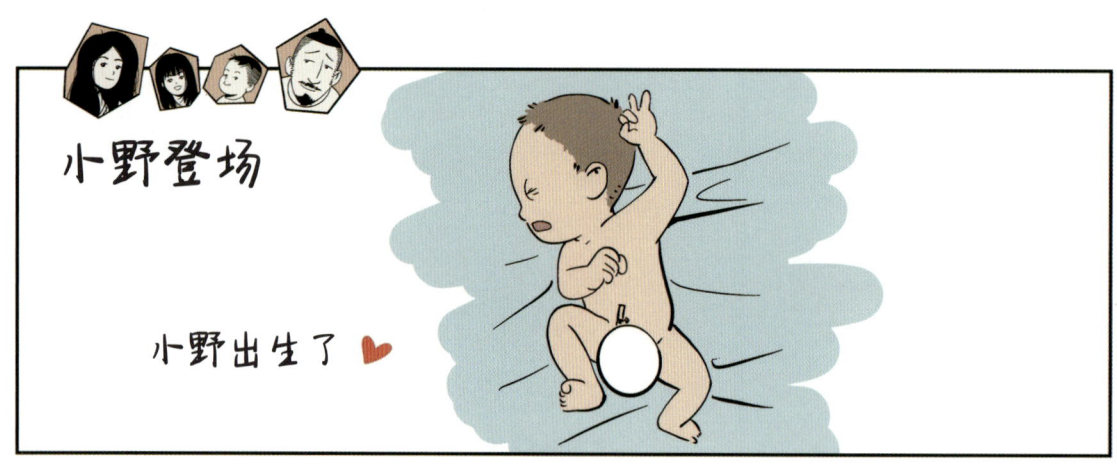

小野登场

小野出生了 ♥

还说:

是个看起来有点憨厚的男宝宝，需求不算多，除了……

奶呢？

都说一只羊也是赶，两只羊也是放。

是吗？

老大照书养

老二当猪养

你是放过羊还是养过猪？！

猪需要哄睡吗？

你给羊换尿不湿吗？

他是一个婴儿

于是，自认为很有"饲养"经验的父母，
忘了婴儿的"杀伤力"。

婴儿就是：
不管TA把你折磨成什么样，
TA长大了你还是会想TA。

老公，你看
Luna 小时候
多可爱。

是啊！
好怀念啊！

Luna 看到什么都想要

我要！
我要！
我就要嘛！

我要那
个芭比！

不行

我要吃
巧克力！

不行

我要那辆汽车！

我还想要呢！

不行！

有时她也不是真的想要，
就是随便要一下，
万一成功了呢！

半个多小时都不睡，
真 Hush 不动了！

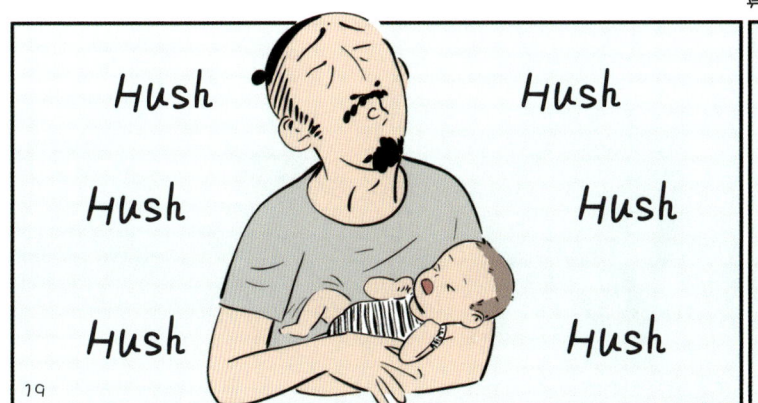

小野倒是从来不磨蹭，就是太能吃。

Luna 每天早上喝鲜奶，
每天早上磨蹭半小时。

我喂到三个月就不喂了，

半岁吧，不能喂更久了。

至少要喂到 Luna 吃奶那么久。

不，我要喂到一岁！

我明天就断奶！

啊！大儿子你想吃多久吃多久。

不喂奶也不是自由的。

还要

吸奶
吸奶
吸奶

储奶→

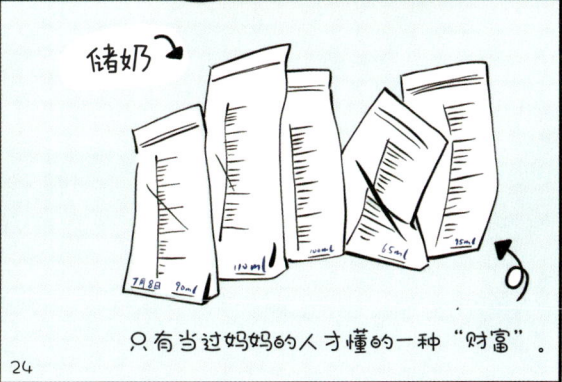

只有当过妈妈的人才懂的一种"财富"。

如果热奶喝：

计量每一顿的量

热奶

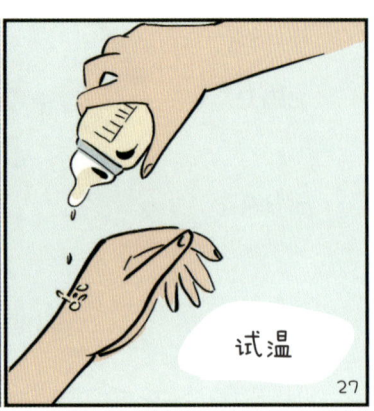

试温

还有拍嗝，拍嗝，不停拍嗝。

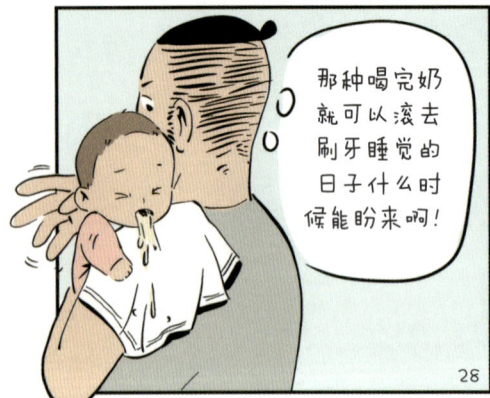

那种喝完奶就可以滚去刷牙睡觉的日子什么时候能盼来啊！

万一一个嗝吐多了……

老婆，你儿子都吐了，又饿了咋办？

Luna 上幼儿园以来，每天都要早起。

现在每天早上都困得要"死"，还要把一个更困的宝宝拎起来送去幼儿园。

每个人都爱小野。

坑爹

Luna 最近迷恋滑板车

1. 我要骑滑板车去幼儿园!

2.

3. 啥?不要吧!

4. 就要!

她可不是真的想"骑"滑板车,而是一种坑爹的玩法。

5. 爸爸和滑板车的身高比例

爸爸要弯腰才能拉着滑板车

奔跑……

你知道这对老腰的摧残指数有多高吗?!

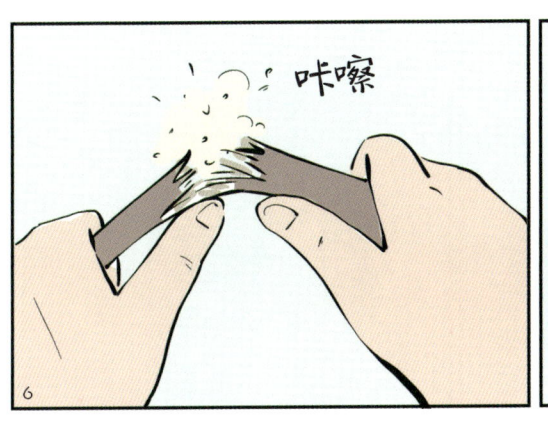

咔嚓

我好像听到树枝断裂的声音。

爸爸再快点！再快！

溜达着去超市要考虑买多少东西，能否拿得动。

带上娃，那就要算上娃的重量，加上要买的东西，看是否拿得动。也许还不止！

爸爸，我要吃西瓜。

宝贝，今天东西有点多，爸爸拿不了啊。

我要吃西瓜。

我好久都没有吃西瓜了，我好想吃西瓜。

我永远也吃不到西瓜了。

走吧走吧！给你买。

我闺女吃个瓜，要求不高。

哈！

可是刚出超市……

爸爸抱。

可是爸爸东西太多，没法抱着你啊。

抱

爸爸我好爱你，我想你让抱。

我闺女吃个瓜，想被抱，要求不高。

哈。

就这样摧残爸爸：
快起来呀！
蹂躏爸爸……
哈哈哈，好玩！
当然还有投喂爸爸。
我吃不下了，爸爸吃。
这些都叫“坑爹”吗？
不！
坑爹……下面才是⇓
Luna 出来，爸爸要开车了。
我开我开。
我会开车，我会开。
Luna，让爸爸开车。
你怎么开车呀？

阿姨会教我开车的。

27

阿姨？

28

你说什么呀？！

29

30

爸爸车里的阿姨呀！

老婆别听她的。

31

32

老婆别听她的……

就是那个声音很好听的阿姨。

33

以下场面过于血腥，请酌情观看。

史诗级大型灾难纪录片

你的长假都是怎么过的？
是去景点看人还是在家无聊？
我在家可一点都不无聊。

长假，幼儿园无情地放假了……更残酷的现实是：

阿姨回家了。

对于经验丰富的老父亲来说，带娃也没那么大压力嘛。

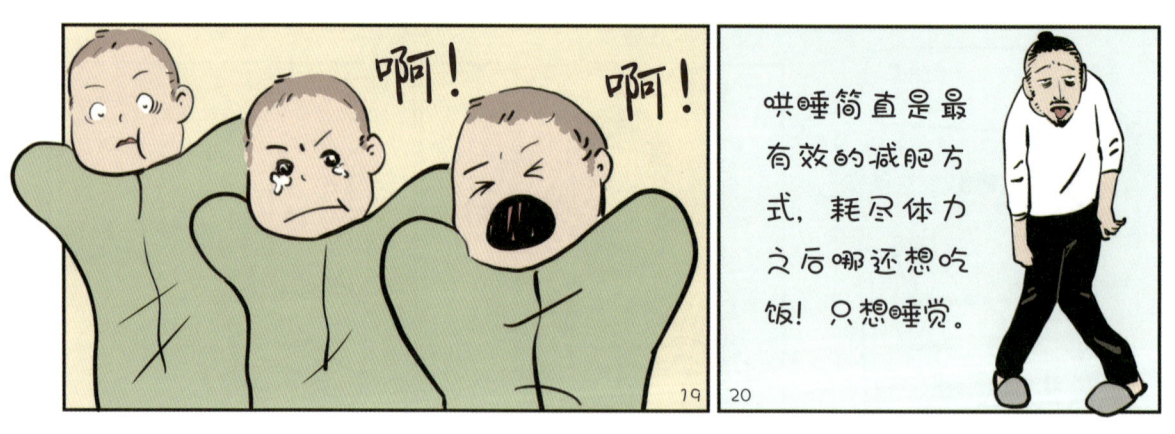

"轻松""高效"，一小时搞定。

自由的味道

轻手轻脚……

16

17

爸爸！你走路好奇怪！

呀！

18

啊呵！

啊呵！

19

哄睡简直是最有效的减肥方式，耗尽体力之后哪还想吃饭！只想睡觉。

20

夜奶是另一挑战，人一累吧，睡得就沉。

啊呵

21

吵死了！

啊呵

22

你儿子哭了一刻钟了！你怎么还睡得着！

23

......

凌晨5点,
啊不,清晨5点的小野。

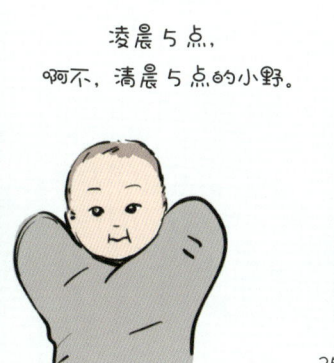

这什么生物钟啊!

清晨5点陪娃玩的老父亲。

我会不会死掉?

和清晨5点陪小野玩相比,那些早上7点起床送Luna去幼儿园的日子才是假期!

老公,我们带宝宝们出门吧?其实小宝宝出门了更好带。

我来带小野!

好啊。

反正小野该睡了,上车睡得更好。

我要吃比萨!

有道理。

别急小野,等红灯过去,车开起来就好了!

啊

啊

Luna:车开起来了呀,他咋还哭?

啊

在外面，小野有时张望……

有时嚎哭
……

期待的那一觉始终不睡。

那一顿比萨吃的，跟打仗一样。其实这几天来每一顿饭都在"打仗"。

34

饭后，跟逃单一样落荒而逃。

…… 啊

啊

…… 啊

啊

35

这几天的常态：

吐一身
……

36

尿一身……

37

一手……

带娃时……

忙到变形

娃睡了，只会放空。

放假期间还有漫画工作，只能这样完成。

还有 这样……

假期结束了……

阿姨到北京了吗？
火车不会晚点吧……
几点到家？
堵车吗？

儿子的爸爸

自从有了小野之后，我总在想，怎样才能成为一位出色的"儿子的爸爸"。

我想象中，男孩子的爸爸应该是这样的。

我能否胜任这个角色，成为小野心目中的"最强老父亲"？

爸爸！你最近好像又瘦了。

"儿子的爸爸" vs "女儿的爸爸"

好像很不同的样子……

儿子和女儿的"杀伤力"完全不是一个量级。

以前 Luna 吐奶。

现在 小野 吐奶。

抱女儿出门 vs 抱儿子出门

据我观察，儿子和女儿还有诸多不同。

爸爸，那个小哥哥怎么了？

不……不知道

和女儿在家玩。

和儿子在家玩。

带儿子去图书馆 VS. 带女儿去图书馆

陪闺女跳舞，不管什么舞，不管会不会，只要保持慈父的微笑就行。

这一天还没到来，已经在脑海中演练了很多次了。

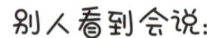
别人看到会说：

一看就疼闺女。

你看那个爸爸，陪女儿多投入。

好爸爸！

陪儿子踢球，如果你不太会……如果你跑不快……不管你什么表情……

别人看到会说：

儿子再大点可怎么办？

快看那个跑不动的爸爸。

还没他儿子快呢。

爸爸是儿子的沙袋，儿子学不学拳，爸爸都是沙袋。

挨了儿子的拳脚还要对他大喊：

用力！再来！

22

23

爸爸是儿子的危机公关专员。

没事的。

对不起，我家儿子昨天推了你女儿，我已经批评他了，请原谅！

24

娃都进去了，你还不走？

幼儿园

我……我还得等两家的家长给人家道歉。

25

爸爸还是儿子的安全员，也可能是安全气囊。

26

把头盔戴上！

27

安全气囊弹出！

小野，爸爸会努力成为一位出色的"儿子的爸爸"。

父爱如山，让你攀爬。

父爱如大海，让你冲浪。

小野，你慢点长大好不好？

放学路

老父亲每天下午，不管是在工作室赶稿……

还是在外面谈事……

只要一到3点就会坐立不安……

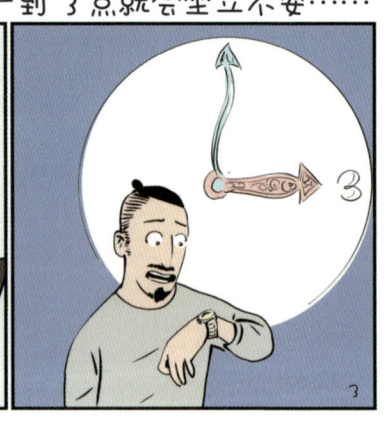

仓皇逃窜

我的人生只到下午3点。

Luna幼儿园快放学了，早早到才能排在最前面。

可是最近全变了

因为最近幼儿园门口"危机四伏"

门外必经之路全是"埋伏"

可有时候……

可以回家了吗?

当然不行! 还要……

好吃的

玩树枝

和院子的的猫打招呼

捡树叶

把花池边的石头摆整齐

42

43

楼下就是滑梯的问题是: 不管从哪儿回家, 都要经过……

求求你, 就滑一次!

比男人那些鬼话还不靠谱的, 就是小孩子说: "我就玩一下。"

44

45

妈妈!

怎么才回来呀宝贝。

洗手吃饭啦!

不! 我要玩一会儿再吃。

你以为这就搞定了? 这才刚刚开始。

46

47

你对爸爸带娃有偏见吗？

你去网上搜"爸爸带娃"，看看都是些什么结果，那简直是灾难。

也许不会是这样。

大概是这样！

不得不说，多数人对"爸爸带娃"有偏见。

"爸爸带娃"就是不靠谱的代名词。

爸爸带出来的娃，能活着就是胜利。

不管老父亲对带娃多么自信，还是无法改变人们对"爸爸带娃"的偏见。

对话智能宝宝

妈

小宝宝从会说话开始，到太——会说话。

一切都来得那么快，完全跟不上 Luna 的"智能升级"速度。

但是……
我……
@ ￥ % & *
其实……
* @ & #……￥
……

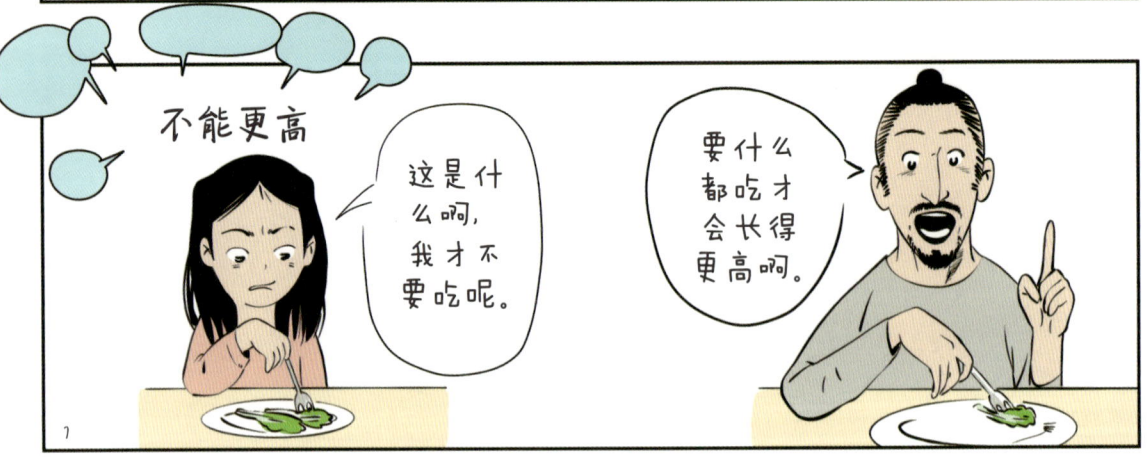

不能更高

这是什么啊，我才不要吃呢。

要什么都吃才会长得更高啊。

7

可是长颈鹿就只吃树叶啊，长颈鹿就比爸爸高。

2

要抱抱

爸爸抱抱！

多走路，少抱抱，长大了身体才能更健康啊。

可是我长大了你就老了啊，就没法抱我了呀。

保护爱车

啦啦啦啦……

Luna，你不要总踩我们的座椅，你把我的车踩得那么脏。

那只有你自己能踩吗？

我才不踩我自己的车呢！

可是你踩刹车呀。

开心地醒着

快睡觉，很晚了。

我不睡！

小宝宝这么晚不睡觉可怎么办？

那小宝宝就开开心心地醒着呗。

现在就是现在

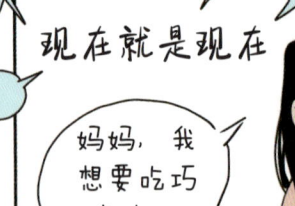

妈妈，我想要吃巧克力。

Luna，你想吃完饭再吃还是看动画片的时候边看边吃？（给孩子选择，她会不自觉地跟着你的思路走。）

妈——妈，
我说的是我想要
现！在！吃！

睡在中间

我要睡在
爸爸妈妈
的中间。

Luna，你有自己的
小床啊，这是爸爸
妈妈的床。

那你们睡我的
小床，我睡
中间。

如果你睡在我们中
间，爸爸妈妈都没
办法抱抱了啊。

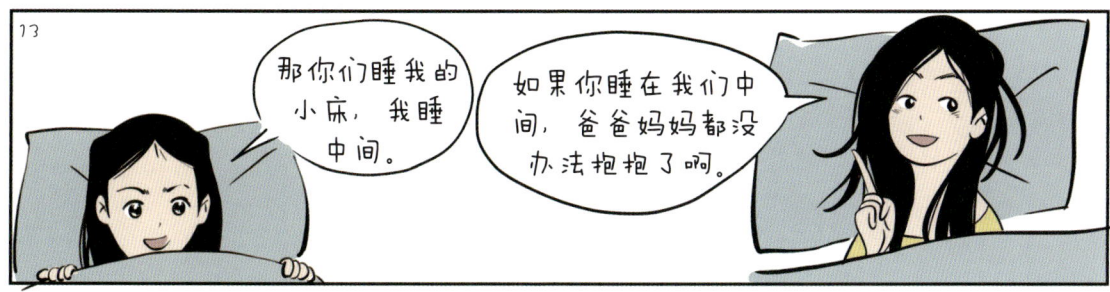

等我去幼儿园了
你们可以再抱啊。

私人飞机

爸爸，这是什么飞机？

这是私人飞机。

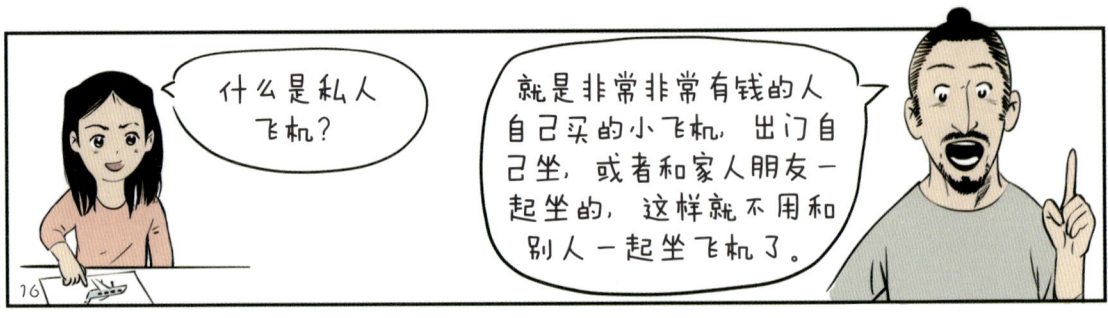

什么是私人飞机？

就是非常非常有钱的人自己买的小飞机，出门自己坐，或者和家人朋友一起坐的，这样就不用和别人一起坐飞机了。

那爸爸你非常非常有钱吗？

我没有。

那妈妈非常非常有钱吗？

也没有啊，我们买不起私人飞机。

那你们多挣点呗。

孩子进入智能模式之后，养成难度不断飙升。你们和孩子之间都有过怎样的"吐血对白"呢？快说出来，让老父亲参（gao）考（xing）一（gao）下（xing）！

没掌握这些技能
也敢说你带过娃?

带娃可不是一件容易的事情,需要掌握很多技能。

比如身体技能,需要柔韧性、协调性以及小肌肉群的控制力,堪比瑜伽。

1

看明星街拍,一手抱娃一手拿包,显得轻松自在。其实不用多有力,掌握技巧谁都可以。

2

首先这个是带娃的基本动作。

不懂这个,说明你没带过娃,两个完美受力点让你省力、安全、可靠地带娃。

受力点①

受力点②

3

这就是单手抱娃的核心要领。

有了这个动作,多重的娃都可单手掌握。

4

两个娃一样可以轻松驾驭,不费力。

5

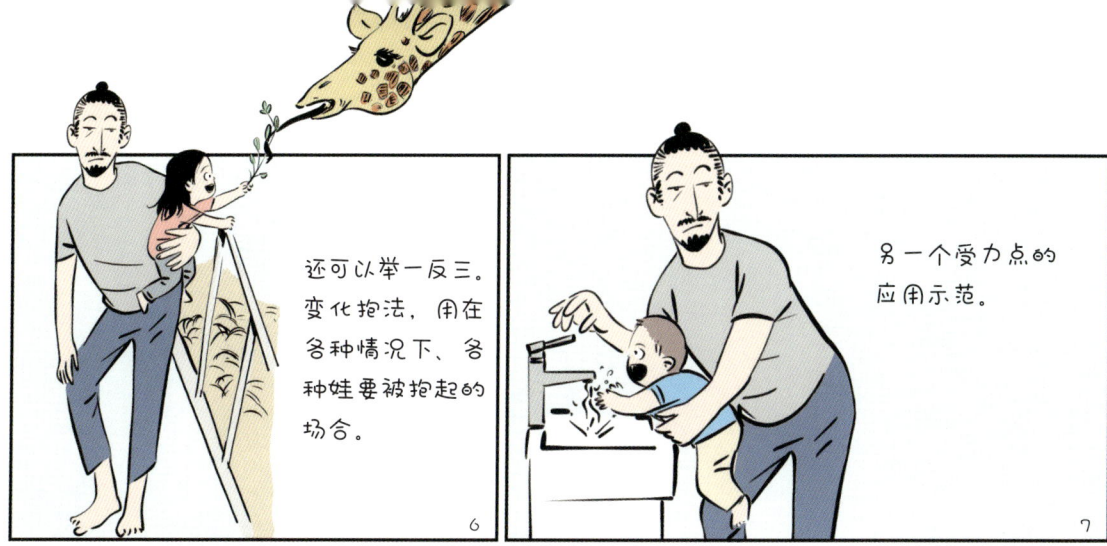

还可以举一反三。变化抱法，用在各种情况下、各种娃要被抱起的场合。

6

另一个受力点的应用示范。

7

哄睡是带娃中的一大难点，最有效的办法永远是……营造困困的气氛。

8

一旦和娃对视，前功尽弃。

9

娃会很容易兴奋起来。

10

无论如何都不睁眼。

11

无论如何！

12

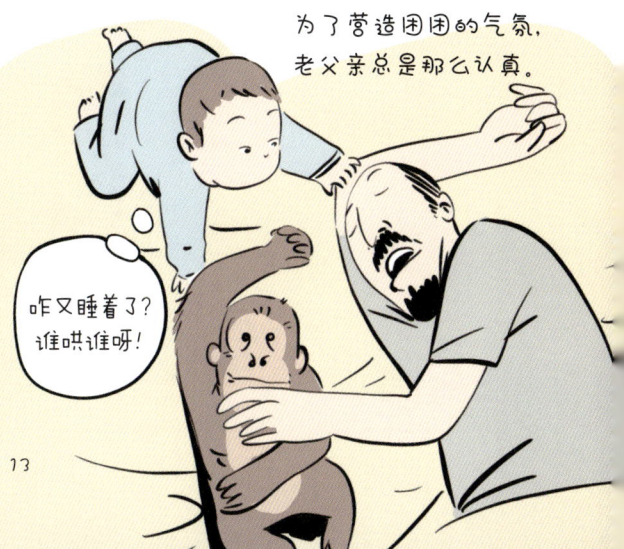

为了营造困困的气氛，老父亲总是那么认真。

咋又睡着了？谁哄谁呀！

13

此外，良好的柔韧性可以让你在
哄睡宝宝的漫长过程中有些乐趣。

14

15

也可以这样。

喂奶会占用双手，
你啥也干不了，除非……

16

掌握以下姿态，你可以在喂奶时刷手机。

17

可以工作赶稿子。

18

甚至可以追剧。

19

经过反复练习，也可以打游戏。

20

抱娃吃饭也是一个难点，为啥每个娃都喜欢抢大人的食物呢？

21

需要超强的敏捷性和超快的反应。

22

看准机会一口下去，毫不迟疑，同时需要强大的心理素质。

23

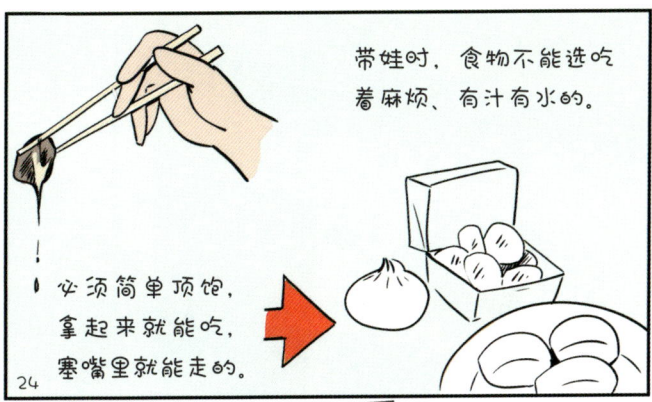

带娃时，食物不能选吃着麻烦、有汁有水的。

必须简单顶饱，拿起来就能吃，塞嘴里就能走的。

24

作为老父亲，带闺女上厕所永远是最大难题。尤其是没有家庭卫生间的地方。

爸爸，我要上厕所。

25

看准男厕所人少的时机，抱着闺女，把她的脸埋入胸前，让她啥也看不见。

26

最快速冲进隔间，插好门。

你需要以任何姿态都能快速换上
纸尿裤——！。

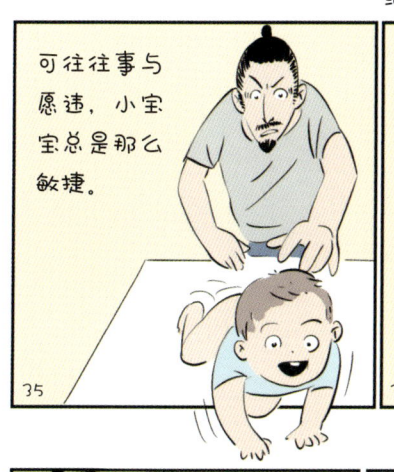

可往往事与
愿违，小宝
宝总是那么
敏捷。

35

36

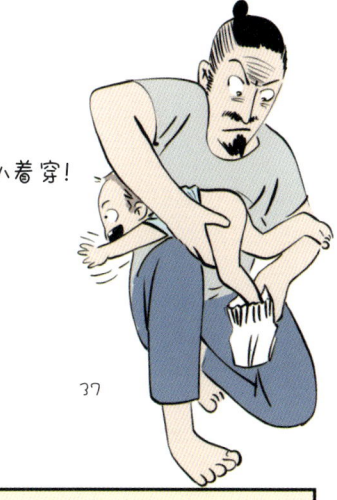

趴着穿！

37

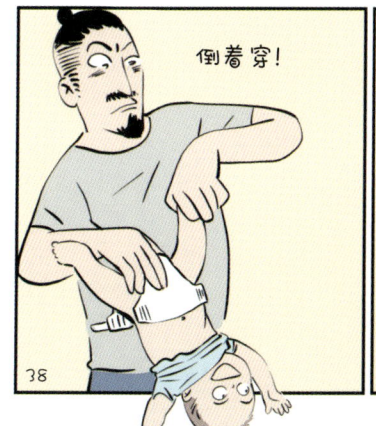

倒着穿！

38

39

这些技能没有学校可以传授，也不
是看完这篇漫画就能会的，要在生
活中不停不停重复……

番外篇

任何创作都是基于对现实的大量观
察，所以漫画是这样画出来的。

40

妈妈，爸爸
怎么了？

别理他，
他病了。

41

我家是个动物园

有了孩子之后，最幸福的瞬间之一，是回到家会有宝宝冲出来迎接。

宝宝们，爸爸妈妈回来了。

宝宝们像两只小恐龙一样，咚咚咚地跑过来。

啊——
妈妈——
爸爸——

1

2

也会像两只粘人的小狗狗一样，在脚下打转

妈妈，有我的礼物吗？

有时候我觉得，我家真像是一个动物园。

ZOO

Luna 喜欢搭积木。

3

4

5

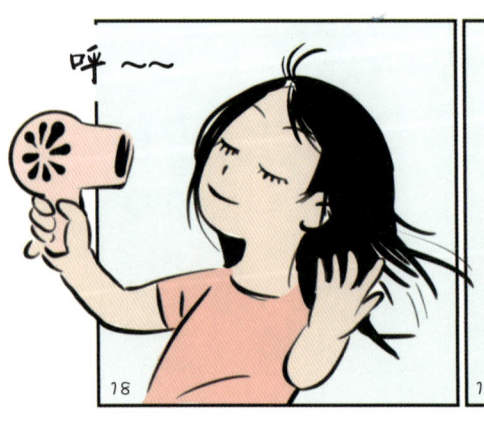

小野也是一样。

嗯嗯

要抱

34

35

有时候希望自己有个袋鼠的袋子，省得天天抱着娃。

36

在这个动物园里，想做一名驯兽师简直是天方夜谭。

谁能告诉我这样的"动物"该怎么驯化呢？

37

你只能喂养 TA 们，陪 TA 们长大。

38

六一"儿童劫"

6.1

可我们的儿童节充满挑战，奶奶不在，阿姨请假，外公外婆援军还没到。

儿童节的朋友圈可真热闹。

XXX
儿童节了，作业都做完了吗？

一分钟前

不知道谁发明的把人拍成小宝宝的滤镜。

1

XXX
陪儿子参加……

2分钟前

2

3

制定详尽的"作战计划"

儿童节南下！去野生动物园！

拼了！

4

一大早出发！

5

眼睛瞪得像铜铃，射出闪电般的精明……隔壁班的那个女孩怎么还没经过我的窗前……山的那边海的那边……

都给我小声点！

总部接通……只要你遇到麻烦就大声呼救……没有困难的工作，只有……

21

不一会儿，小野大哭起来。

……

啊啊！

22

怎么了？怎么了？小野，哪儿不舒服吗？

啊

23

24

25

啊

老公，小野💩了！

26

老公，管管啊！

这段高速有没有休息区！

27

28

然后，没有悬念地堵车了！！！

29

终于到了……

30

那之后，一切空气都是清新的。

32

31

动物园都那么好闻。

是呀。

33

那天，看到了有趣的动物。

Luna 和小野可开心坏了……其实那天不只我们，还有朋友一家。

Luna 确实很高兴，只不过是因为拉着卢卡哥哥的手逛动物园，至于看到了啥动物，我猜她都不知道！！！

一天下来，老父亲白眼翻得眼睛疼！

哼！

回家路上倒是很安静。

哼！今天就不该来！

不该来 不该来 不该来 不该来 不该 不该来 不 不该来 不该来 不该来 不 不该来

路怒症算啥，"带娃怒"才是最可怕的

有一天和樱桃一起逛街……

1

看到一位妈妈带着两个儿子，小儿子挡在前面要抱。

2

妈妈抱，走不动了，就要抱。

酝酿……

3

爆发

4

5

……

6

然后……
老父亲假想：

7 其实很理解那位妈妈，她不一定是个暴躁的人，也许今天本来开开心心漂漂亮亮地出门的……

8
去那！
回来，别乱跑！
哦！

9
我要买！就要买！我要我要！
咱们说好了，今天不买玩具的。乖！

10
不嘛！就要！
呀！哥哥呢？人呢？

11 佛系老父亲
带娃这件事真是对心智的多重考验！小剂量地堆积心理垃圾，最终造成大面积地释放……

12 再佛系的老父亲，也有爆发的时刻。
突然暴走

对 Luna 大吼大叫!一股脑把情绪释放出来!

13

可是就见不得 Luna 可怜巴巴的样子。

14

发完脾气又后悔，我不该骂她啊!!

你没事吧，老公?

15

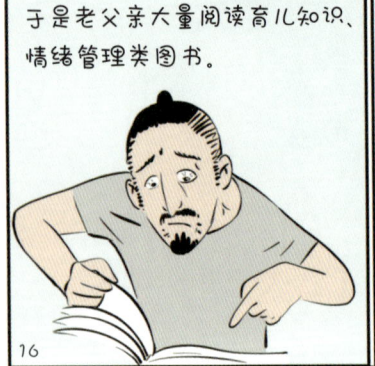

于是老父亲大量阅读育儿知识、情绪管理类图书。

16

认真思考总结经验!

17

归纳出以下不对孩子发飙的方法。
方法一：唤起童年回忆，想想自己的父母。

18

别摸镜头，Luna，我说了多少次了，别摸，停下!

嘻!

19

呀!

啊——!

砰!

20

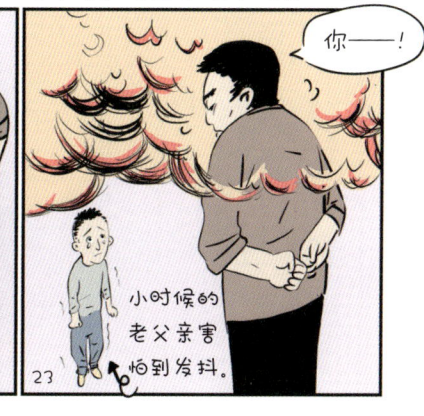

老父亲的老父亲，不打人，话不多，可是吼起来气势极强！

注意，放低音量，面带笑容！

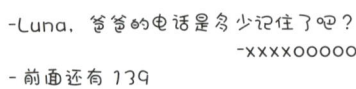

37 我离开一下，你自己待着吧！

爸爸你还没看我呢！

38 生气，先离开……哪怕把气撒在别的地方，脾气发出来就好了……

39 老公，你脸色很臭呀！

惊

40 老公你咋了？

又憋出内伤了~

41 方法四：发过脾气要道歉，真诚的道歉包含了：认真说"对不起"，说出道歉的原因，说出自己的问题和今后改正的方式，最后希望被原谅。

42 Luna，对不起。爸爸不应该冲你发脾气，爸爸错了，你能不能帮我把脾气变得更好？如果我再发火你就提醒我，就说："发脾气是没用的！"好不好？谢谢你，你原谅我了吗？

呜……

43 没有哪个小孩不原谅父母，如果你真的道歉会发现，她们会回报给你加倍的爱。

原谅，啊——

一个暑假
让老父亲
不成人形

暑假来临，每位父母都不得不面对两个月的战斗。 每天炮火不断

公元 2019 年
盛夏，迎来一场
战役。

请求支援！
请求老师……
啊不，空中支援！

遥遥无期的空中支援，
越是临近就越是煎熬。

变化三：

体力不支

19

假期开头是这样的：

20

有时是这样的：

21

假期末尾是这样的：

我为啥手抖！我咋了！我……

手抖

22

之后……

23

变化四：

反应迟钝

24

假期开始是这样的：

呀！

晃 晃

晃

25

爸爸来了！

嗖！

26

假期末尾是这样：

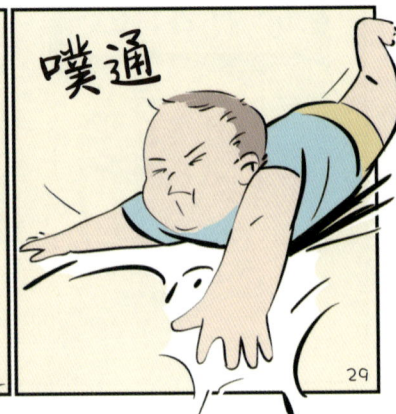

变化五：

极速衰老

假期开始：

现在：

那天接到幼儿园老师的电话

Luna 爸爸吗？新学期家长会将……

老师！真的不能更早几天吗？

感动到哭

老婆，援兵就快到了，老师打来电话了……假期就要结束了，坚持！

我不行了，我每天都梦到自己在餐馆打工，不停备菜做饭，备菜做饭……

你们的假期也是这样吗？

有了娃
才懂的
人生
高光时刻

各位家长们！今天早上，有没有神清气爽的感觉？

被笑醒

1

这就是自由的气息，耳边响起欢快的音乐。

好困

2

让人不由自主舞动起来！

困死我了。

3

幼儿园开学啦！！！

老师早！

4

养了孩子才能懂的幸福时刻……没孩子的时候哪里想得到。

5

本以为孩子毕业了一定会特别为TA开心吧？

没孩子的时候。

穿最正式的衣服去见证孩子人生的重要时刻。

一定会幸福地流下眼泪。

老婆，闺女长大了。

错了，哪用等那么久！把孩子送去上学才更幸福吧。

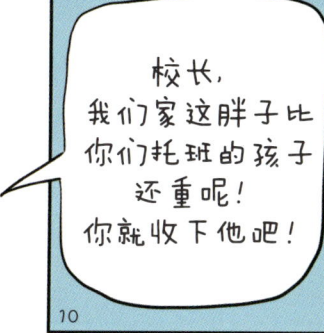

校长，我们家这胖子比你们托班的孩子还重呢！你就收下他吧！

幼儿园

这哪啊？

我们按年龄又不按体重，Luna爸爸快把你儿子抱走吧！

啥是幼儿园?

好盼望小野能进入幼儿园的那一天!

13

本以为最幸福的时候是清晨看到孩子们醒来时的笑脸。

14

其实,孩子晚上睡着才更幸福。

15

孩子睡着了,爸妈的一天才刚刚开始。

老婆,咱们看个什么片?

都可以啊!

16

所以再困也不能倒下。

这么珍贵的时光,不能睡着!我要起来!

17

本以为最幸福的时候是抱起孩子一起玩耍！

18

其实TA自己玩的时候好幸福啊！

19

别人带着TA玩的时候更幸福啊！

20

就算陪娃上课，能安静地刷会手机也好啊。

> 这位爸爸，你没事吧？

> 你咋天天在这？你是不是没工作啊？

21

本以为自己会是一个严格的爸爸。

> 我要看动画片！

> 不行！对眼睛不好！

22

其实少看一会儿动画片有什么关系，动画片那么好看，孩子那么安静。

23

101

在餐厅那么安静。

我的孩子可真乖……

坐飞机那么安静。

这招一旦使出，幸福感顿生，可这是育儿大招，不可随便使用，否则就不灵了。

本以为一家人一起吃大餐，看着孩子吃得开心才会幸福。

其实娃们睡了，两人悄悄吃泡面也好幸福。

闺女可别醒了。

今天玩累了，不会醒的。

当然除了泡面还可以有各种外卖美食。

29

老公为啥今晚的泡面格外香呢？

可能因为明天开！学！了！

30

快去快去！

一会先去喝咖啡，然后……再然后……最后……

31

孩子啊！爸爸妈妈爱你，可是一个暑假了，爸爸妈妈也很期盼你开学的日子！

32

可是……我还在家呢！

33

让你又爱又恨的儿童设施

各种儿童设施，不管是为了方便还是娱乐，都是为了让带娃更轻松。好吧，有谁想过，这也有各种各样的问题。

光说那些车，老父亲就无力吐槽了。

1

我要那个。

2

儿童购物车

成人把手

适合小宝宝的高度

3

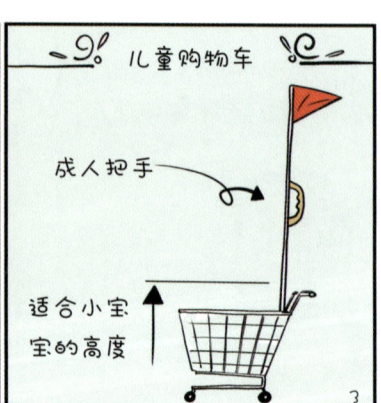

Luna最爱儿童款超市推车，这种车子常见于大型超市，儿童游乐场也有玩具款。

有的款没有成人可控的部分更让人崩溃。

4

哈哈

注意安全

5

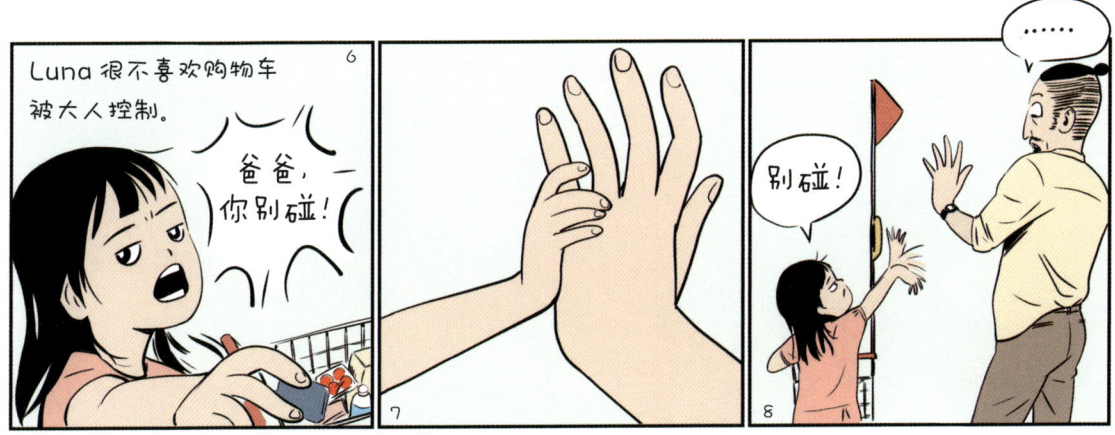

你们知道超市有多少人吧！
这种小孩推车简直灾难！

汽车款购物车

玩具汽车 + 购物车

每个孩子
都喜欢

14

各种购物车尺寸对比图

一般购物车

大型仓储型
超市购物车

玩具汽车款
购物车、

知道这东西
有多大、多不
方便了吧!

15

放下
放下。

超大尺寸,在
超市里举步维艰,
还要远离各种孩
子可能伸手抓的
东西。

16

隐蔽

从大人的视角
看,稍不注意,
孩子就能抓上几
样心仪的东西。

17

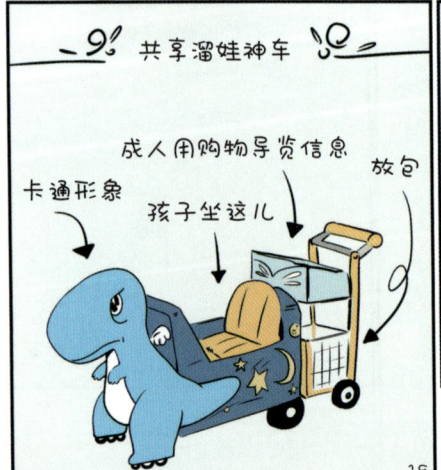

共享溜娃神车

成人用购物导览信息

放包

卡通形象

孩子坐这儿

18

19

重点来了:
它有屏幕,还可以放动画片!动画片!

在某商场就见识了
这个终极版溜娃
神车。

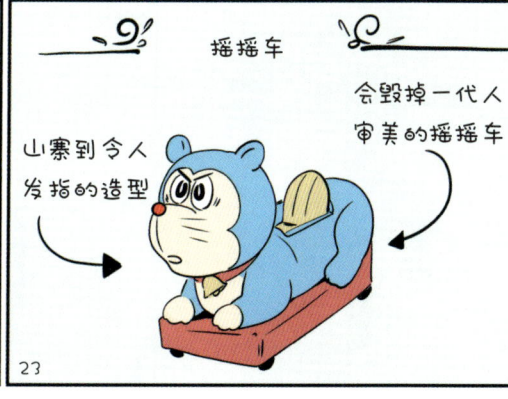

从那天起，总要带着一堆硬币出门。

刺耳的音乐！ 生硬的晃动！

孩子高兴就好！高兴就好！就好！

27

为了不让小野玩摇摇车，也是煞费苦心。

小区周边摇摇车分布图

28

29

小火车

没有小火车的商业区是不完整的。

Luna 只要看到就一定要坐一圈。

爸爸，坐一圈，就坐一圈，求你了。

30

嗨！

31

等一下！

又坐啊……

32

根据我常年全球化调查得出：小火车哪都有，没有哪个家长躲得过。

33

据不完全统计：北京的小火车价格全球第一，普吉的小火车价格最低，路线最长。

价格比对

中国北京　美国加州　泰国普吉

34

小火车可不是托儿所，小火车都是半开放式的，在车厢里看好娃还是家长的责任。

不敢想！

坏人

35

经常会看到一群家长走在小火车后面的场面。

要么花高价再买张票，挤进根本直不起腰的窄小车厢。

36

要么跟在小火车后面快步走。

爸爸快呀！

37

他们的表情慢慢从开心到麻木。

38

每次跟在小火车后面，我就发着呆想：

脑袋空空，目光呆滞，步履沉重，像丧尸一样的家长们追火车的场景还真是眼熟，好像在哪部电影里看过。

39

40

没错，这简直就是丧尸追火车的经典大片……

41

42

现在带娃也是越来越难，还有哪些孩子们喜欢，可让家长们又爱又恨的设施呢？

43

我太难了！

亲子假期
放电指南

这个假期大家怎么过？
有没有看到各处的美景？

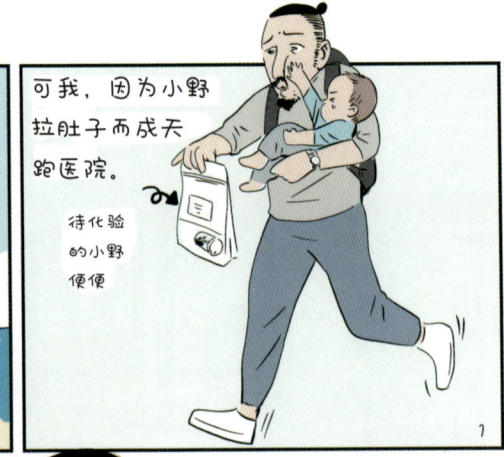

可我，因为小野
拉肚子而成天
跑医院。

待化验
的小野
便便

1

大家有没有尝到各地美食呢？

2

我都已经不记得，这个假期
我都吃些什么了？

3

那些没出门的大家，这个
十一，你们都追了什么剧？

因为小野拉
肚子，我都
不记得这个
假期我一共
换过多少片
纸尿裤！

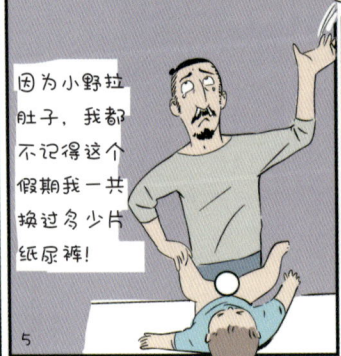

5

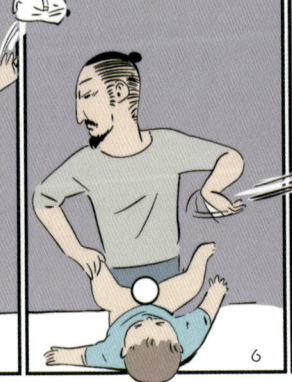

6

7

三分线外一击命中！

别安慰我说：这个假期你都在加班！说得就跟谁不加班一样！我不在带娃的间隙加班，哪里来的这珍贵的总结？

8

9

大概不慎睡过去了次，才最终完成了以下所有内容。

10

亲子假期放电秘籍
横空出世

这是痛定思痛的总结，血淋淋的经验分享。

11

娃们每天都要被放电，要么白天放……

哈哈

12

要么晚上放……

ZZZZ

呼
呼

13

散步放电，当然不要携带婴儿车。

问题在于，孩子可不会拉着你的手好好陪你压马路。

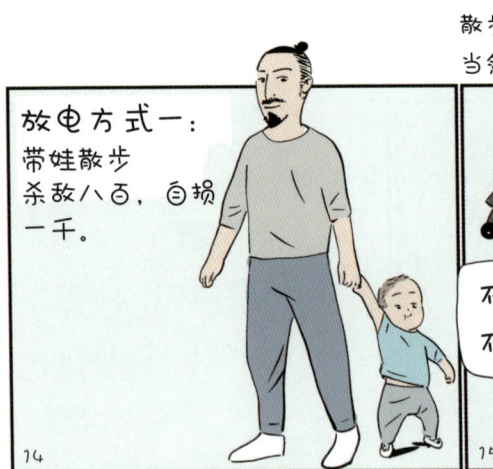

放电方式一：
带娃散步
杀敌八百，自损一千。

不要不要。

而且"要抱抱"往往不是因为走累了，只是因为 TA 无聊了，或者想要交通工具而已。

我出来干啥的？我要给谁放电？我抱着谁？

放电方式二：
陪娃骑自行车
勇敢者的游戏，自杀式挑战。

嘿嘿

你知道一个 4 岁的孩子骑起车来能有多快吗？

慢慢慢！

等等我！看前面，Luna 注意啊！慢点！快停下……

哦，好。

看前面

22

慢，慢点。

不骑车，老父亲更累，提着自行车跑到天荒地老。

23

放电方式三：
去游乐场
高强度训练，
身心俱疲。

24

啥游戏都得跟着娃一起上啊！
（当然，有人玩得乐此不疲）

哦哦

25

游乐场这样人多的地方最累的是心！眼睛不眨地盯着娃，还要不停观察周围是不是有危险。

26

还要在人群中一刻不停地穿梭，跟着娃跑可真是一门技术。

借过借过。

27

别跑，看着东西。

来追我呀！

在家里放电真是让人操碎了心。

下来，危险。

停！！！那样会摔的！

因为太吵被楼下找上门来。

对不起对不起，我们一定注意小声点，小声点，对不起……

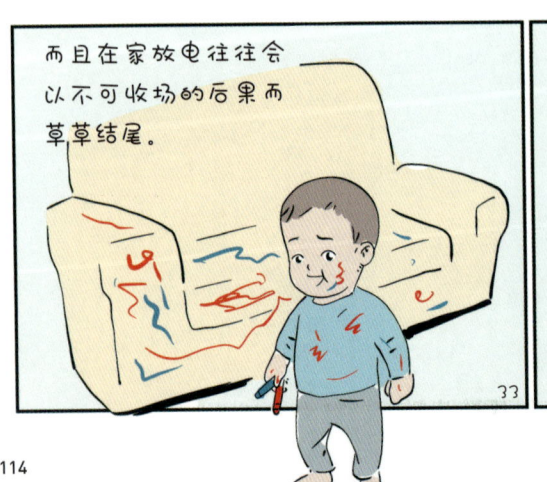

老父亲只能利用
这个机会，迷糊一
会儿，也充充电。

35

可是无论如何
也跟不上娃的
充电速度啊!

36

VS

37

人的电量就好像智能手机
一样，下一代一出来，上一代
就特别容易掉电，还动不动
死机，运转啥都慢，而且，
还不能换电池! 坑啊!

孩子不讲理可咋办?

孩子越大,
就越怀念她懵懂的小时候。

哪怕有点
傻乎乎的。

面对娃的质疑和反问,总是哑口无言。

孩子大了就要
和她讲道理,
可不是什么
道理都讲得通。

为啥呢?

呃~ ~~

第一 辩论不过的道理等于
没道理。

爸爸,我要吃
冰激凌。

不可以,
今天已经吃了
不少甜食了。

为啥不能
吃甜的。

吃多了对牙齿不好,
刷不干净就会长蛀牙。

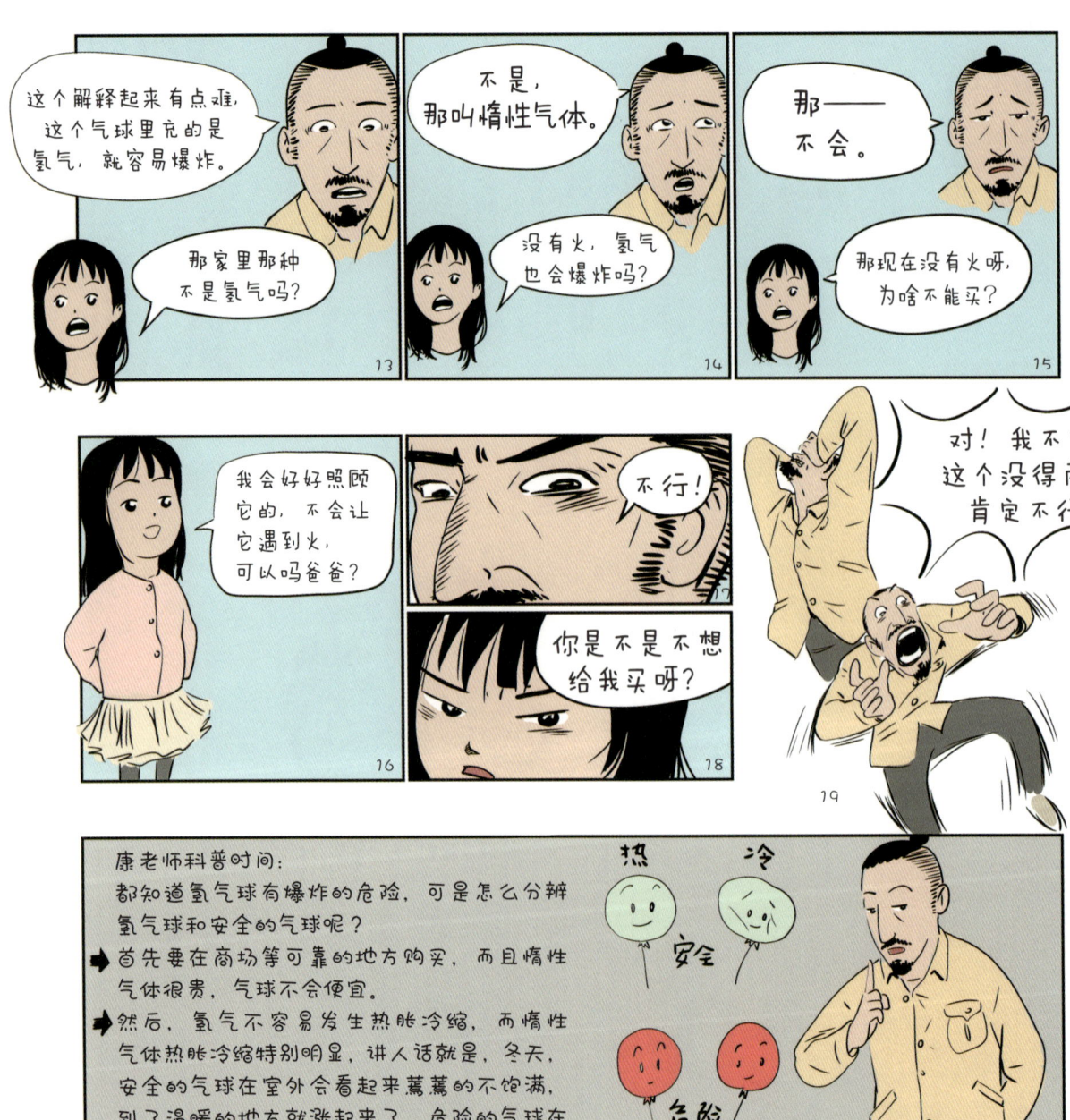

康老师科普时间：
都知道氢气球有爆炸的危险，可是怎么分辨氢气球和安全的气球呢？
➡ 首先要在商场等可靠的地方购买，而且惰性气体很贵，气球不会便宜。
➡ 然后，氢气不容易发生热胀冷缩，而惰性气体热胀冷缩特别明显，讲人话就是，冬天，安全的气球在室外会看起来蔫蔫的不饱满，到了温暖的地方就涨起来了，危险的气球在哪里看起来都差不多饱满。

第三 情绪崩溃你还讲啥道理。

Luna，要尊重长辈的意思就是要对长辈有礼貌。

21

爸爸，长辈就是很久很久以前出生的人吗？

倒也不是很久。

22

爸爸你是长辈吗？

我当然是啦。

23

那你是很久很久以前出生的人吗？

都说了，不是很久啊。

24

那你出生的时候还有恐龙吗？

25

26

当然没有！恐龙才是很久很久以前的动物！

那你咋知道恐龙是怎么灭绝的？

27

尊重长辈就是不许再问这么无聊的问题，我才不是很久很久以前出生的人！

爸爸，你咋啦？

在我闺女眼里，我老得目睹过恐龙灭绝……

28

29

第四 讲道理就怕遇上强词夺理。

哈哈

30

Luna，不可以在床上蹦，太危险。

31

32

可是床很软啊。

那爸爸，你给我买个蹦床睡觉吧。

可是你会掉下来。

蹦床怎么能用来睡觉呢？

那它为什么叫"蹦"床呢？

33

我好累，我不和你说了……

34

老婆，孩子长大了好难对付，还是怀念Luna小时候。

小时候也不好对付啊。

35

120

育儿界的
爱因斯坦

$E = MC^2$

今天给大家讲点
有深度的内容，
多深呢？大概
就像是爱因斯坦
的相对论那么深。

1

或者说，
这是老父亲
对相对论
的补充，
比广义相对
论还要"广"
的补充。

睿智

2

爱因斯坦曾经这么解释相对论：

你坐在美女边上两个小时，
时间好像一分钟那么快；可是
如果你坐在炉子上，那么一分钟
都像两个小时那么煎熬。

这就是相对论的话……
那我行啊！
做爸妈的分分钟
举出 100 个相对论
的案例。

3

案例一：时间相对论

爸爸，嗯嗯！
拍。

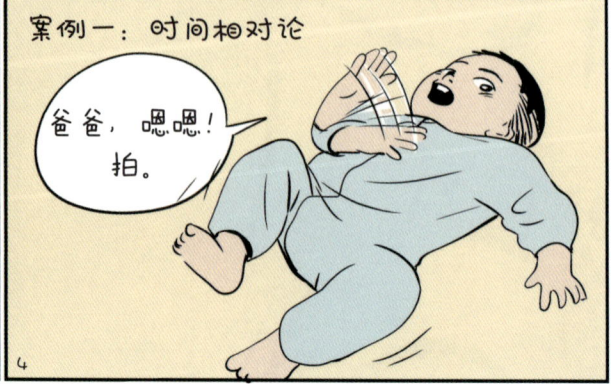

4

感觉这一刻简直就是永恒……
我将永远拍下去。

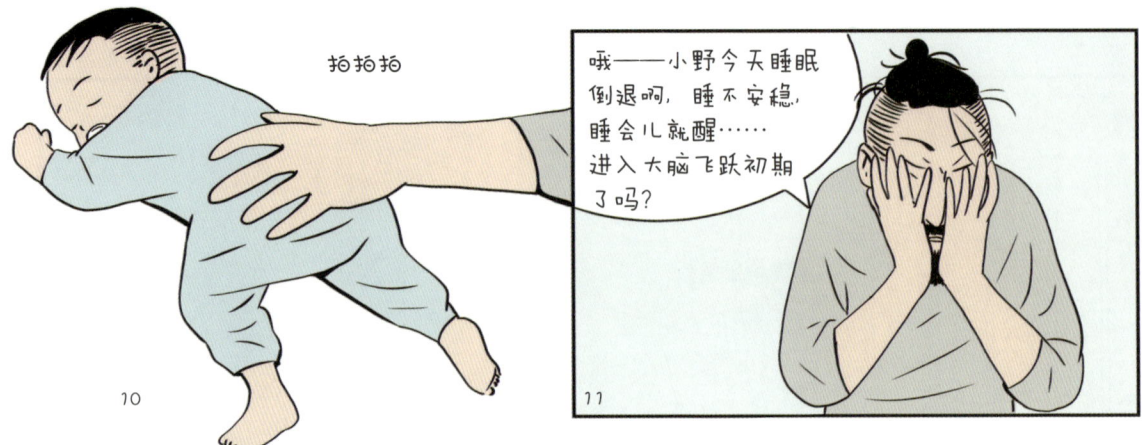

拍拍拍

哦——小野今天睡眠倒退啊，睡不安稳，睡会儿就醒……进入大脑飞跃初期了吗？

你俩一块打呼打了4个多小时了！这也叫睡会儿就醒？我看你睡眠飞跃期了吧！

啥！

现在快两点了？！明天截稿，还没画完呢……完蛋了！

嘤！

案例二：质量相对论

樱桃开始认真健身！

你倒是使劲啊！别光胳膊用力，来！

不行，太沉了！

纹丝不动

啊啊！

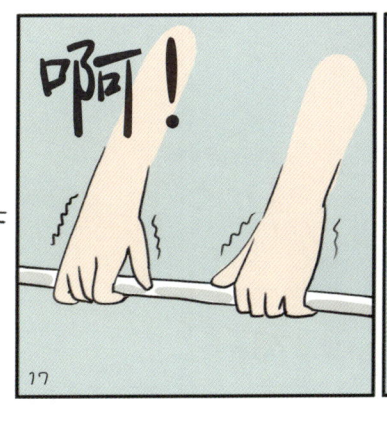

啊啊！

我！不！行！啦！

重量已经没得减了！

这破棍子为啥这么沉！

你这力量太差了！我已经给你降到最轻了，光这一根杆子你也拉不了几下！这小奥杆才12.5公斤啊！

我明明拉了好几下呢！

等等！12.5公斤？你确定？

我当然确定

……

和我儿子一样重，那为啥这个什么杆这么沉呢？

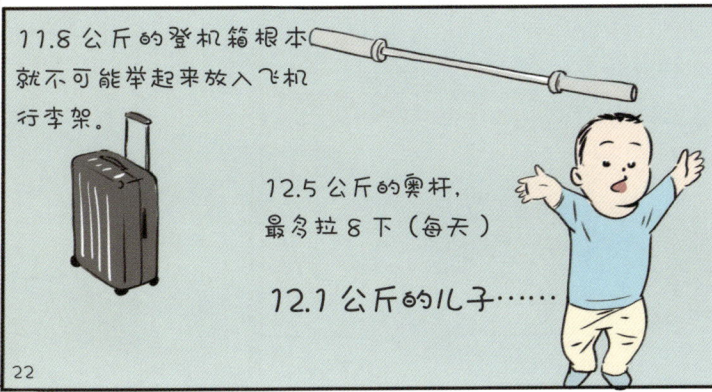

11.8公斤的登机箱根本就不可能举起来放入飞机行李架。

12.5公斤的奥杆，最多拉8下（每天）

12.1公斤的儿子……

为啥只有儿子
能够抱起来健步如飞？

我可以举儿子吗？
教练！

案例三：空间相对论

独自躺在沙发上，
口渴了……
这房间怎么突然
这么大？
餐桌竟然那么远，
算了，忍一忍吧，
实在不想起来去拿
水杯。

太远了……
好像没有那么渴了。

嗖

突然，娃们
午睡起来了。
哈哈啊啊！

这房间瞬间就变得拥挤了。

嘭

病了
你的病

孩子不总是开开心心，也不是一直闯祸，偶尔还会生病，让全家崩溃。

有一天

小野很没精神，总要人抱着，看最爱的车车书也提不起兴趣。

特别可怜→

小野发烧了……

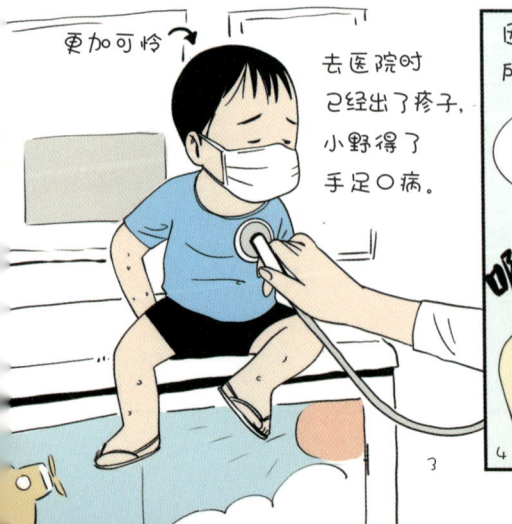

更加可怜→

去医院时已经出了疹子，小野得了手足口病。

因为嘴里有水泡，所以吃不下东西。

胖胖喝点冰水舒服一点。

哪可

因为手、脚、屁股上都是疹子，每晚痒得睡不了觉。

整个过程最难受的是给小野喂退烧药。

没两天。
Luna也开始发烧了，
家有两娃，
遇上生病总是
一下两个，
谁都躲不过。

超级
← 可怜

6

啊呵

不要
不要

小野！吃小橘
子药就不难受
了，乖。

7

用针管给小野喂药是真正的"铁人三项"。

先是"斗牛"
把小野抓住。

8

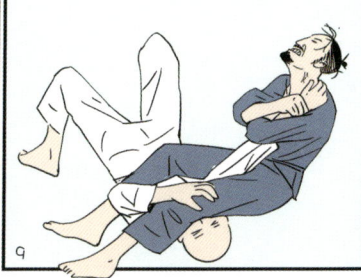

然后使出"巴西柔术"，手脚并
用，十字固或绞让他动弹不得。

9

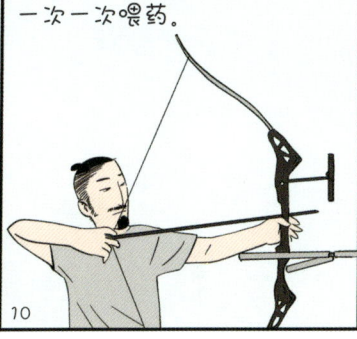

最后是"射箭"，看准嘴角，
一次一次喂药。

10

阿！

唔！

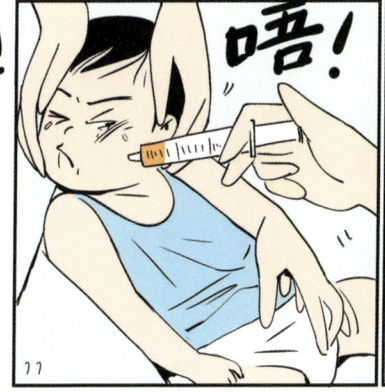

11

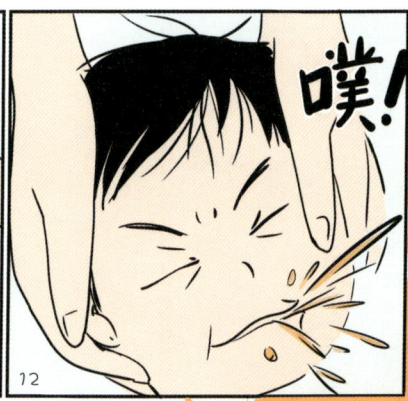

噗！

12

老婆，我这次大概又要中招了。

果然，我也倒下了，高烧40度，忽冷忽热，昏昏沉沉，很久没有病得这么难受了。

老婆……我会不会死掉。

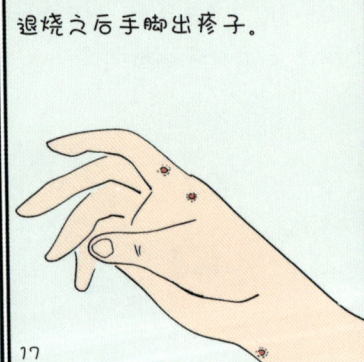
退烧之后手脚出疹子。

痒得几晚睡不好觉。

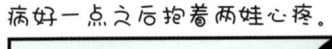
病好一点之后抱着两娃心疼。

这病太难受了，你们是怎么承受的？

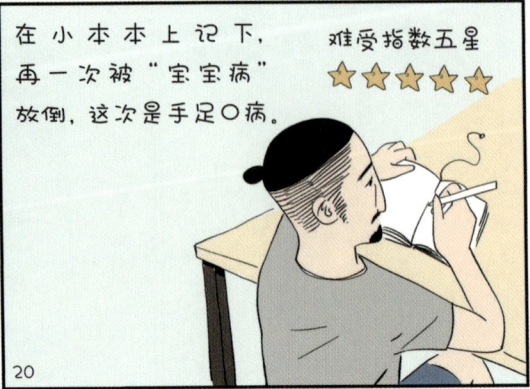
在小本本上记下，再一次被"宝宝病"放倒，这次是手足口病。

难受指数五星
⭐⭐⭐⭐⭐

硬核

其实这次手足口病樱桃也中招了，神奇的是她只烧到了37.5度就退烧了，全程照顾病刚好的娃们和躺在床上的我。 21

Luna 一岁多感染过一次诺如病毒，睡着觉突然开始呕吐。 22

那是她第一次呕吐，小小的人儿吓坏了，上吐下泻了3天时间，过程极其痛苦。 23

那几天 Luna 一直趴在大人身上不肯下来，哼哼唧唧的。 24

25

在我都快把胆汁吐出来的时候，让我更难受的是，心疼 Luna 小小的身体经受了这么大的痛苦。 27

之后我开始肚子疼、呕吐、腹泻，我记得那是我第一次被"宝宝病"给放倒。 26

自从Luna上了幼儿园，我三天两头被她传染，每年都要咳嗽。

咳咳！

咳咳

你怎么咳了两天好了？我这才是正宗的"小儿百日咳"！

哈哈

28

29

感冒流涕更是家常便饭。

吸溜

吸溜

30

31

爸爸！你感冒可不要传染我哦！

明明是你传给我的！

32

小野稍大一点，也开始各种生病，就像这次手足口病。有一次小野感染了沙门氏菌，拉肚子拉到虚脱，屁屁破掉，每次拉肚子都嚎啕大哭。

33

啊！

哼~

34

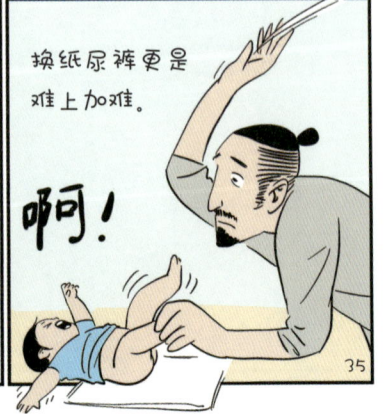

换纸尿裤更是难上加难。

啊！

35

拉肚子拉到怀疑人生，樱桃指出了传染原因：

过了三四天，
小野好了，
我开始肚子疼。

36

老公，你知道吗？沙门氏菌
如果不是吃了坏东西，你这次
就不是，别人都没事，
那就只可能是……

37

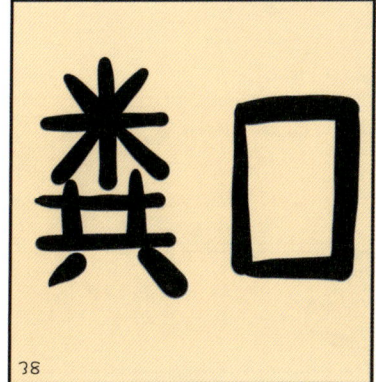

粪口

38

39

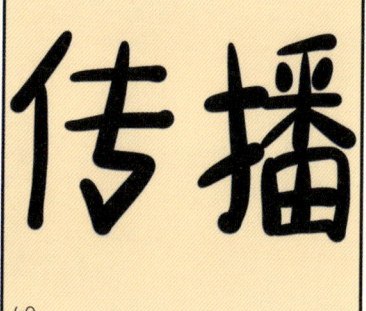

传播

40

41

我希望我能保护我的孩子
不受疾病的伤害，不过谁
也不能保证孩子一点小病
都没有，那么……
传染给我也没关系，至少
我能感同身受，更了解你
们的痛苦。

42

43

女孩的心思你别猜

孩子长得可真快啊，一转眼 Luna 已经不是那个需求简单的小宝宝了，小女孩的心思越来越难懂。

每天接 Luna 放学，都得给她带点小零食。一天……

我们今天去便利店买吧。

Luna 一定很开心，她最近迷恋冰棍。

你是不是又忘记给我带零食了？

没有忘啊！你不是喜欢去便利店买冰棍吗？

你上次就忘记给我带零食。

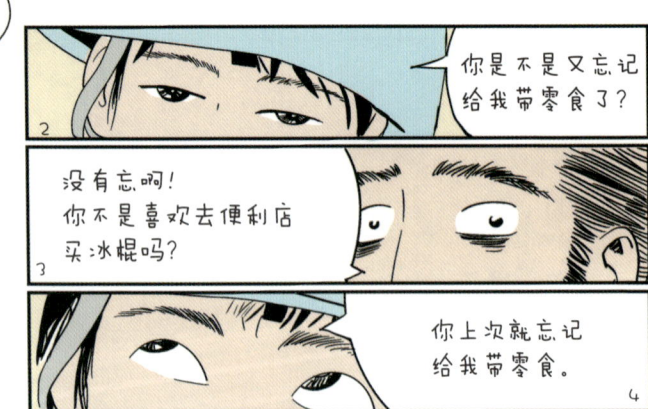

上次是忘了，这次是准备好带你去买冰棍的。

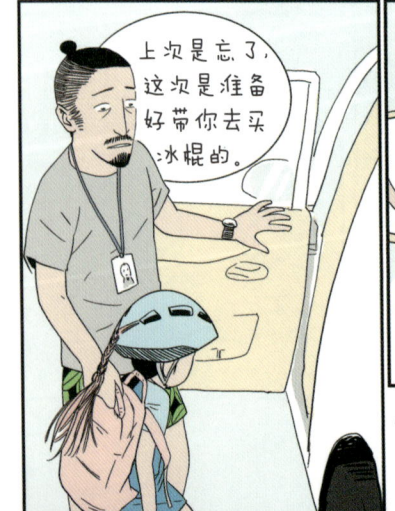

不依不饶……

你为什么忘记给我带零食？

你不想吃冰棍？我们可以买你想要的。

我想吃冰棍啊。

那不是正好，我们去买。

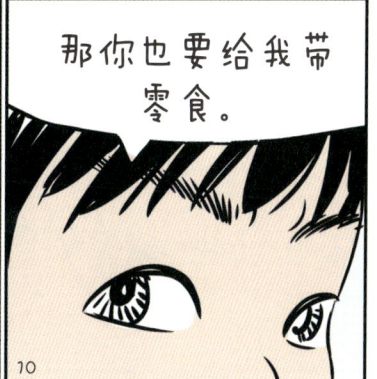

那你也要给我带零食。

冰棍给你。

以后要记得给我带零食哦！

Luna 没事就在家里跳（xia）舞（beng）……

老公，你知道吗？那个……

是啊，我觉得……

你最爱的女生是谁呀!

康老师生存课要点:

其实,此刻只有一种答案,在任何时间、地点、情况下只有一种答案……不能闪烁其词,必须正面回答。

当然是你妈妈呀!

老公……

气气啦!

跺脚!

唉,帮不了你,世界太凶险。

我太难了

你们知道哄了多久才把 Luna 哄好吧!不过不管多久,也比哄老婆容易多了……

孩子还是"小时候"好啊!

每一位父母都会怀念孩子"小时候",
孩子两岁时,怀念TA一岁,
孩子4岁又开始怀念"Terrible Two"了。

也许以后还会怀念
她现在吧,孩子真的
会越来越难搞。

你看她
"小时候"
多可爱。

1

孩子一岁前天天想

你到底要啥
呀!你啥时候
能说话啊!
别哭了!
喂!
求你别哭了。

2

后来发现这事吧,和娃说不说话
根本就没关系,而且……

你才会说几年话
啊!就学会顶嘴
了,气死我了。

哼!

3

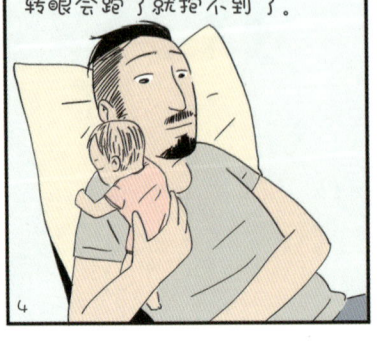

她小时候,我就想多抱抱吧,
转眼会跑了就抱不到了。

4

你们说我
是不是想多了?

这闺女要一直
抱到多大啊?
有经验的来
说说。

5

娃学骑小车就想啊：

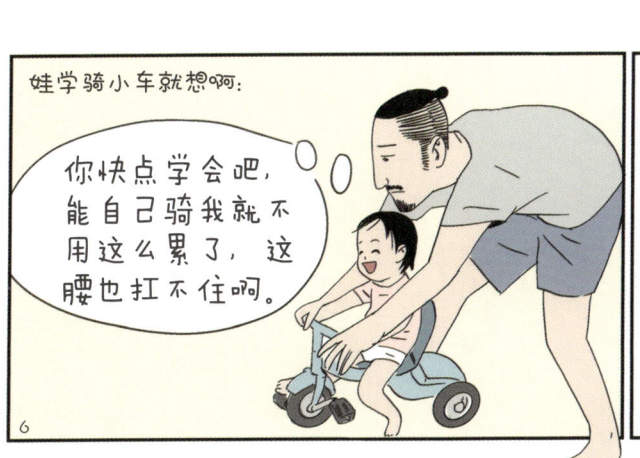

你快点学会吧，能自己骑我就不用这么累了，这腰也扛不住啊。

等她学会了才发现，这更累啊。

等——
等下——

原来娃什么都要学，看着她学抓东西吃。

加油！

棒啊！

看着娃学会走路。

小心哦，小心。

眼看着孩子学会这个、学会那个的过程真的好有幸福感啊！

早说了吧……

可是……孩子长得真快，转眼什么都变了。

孩子吃奶时天天想：

冲奶好麻烦啊，啥时候能吃大人的食物啊！

16

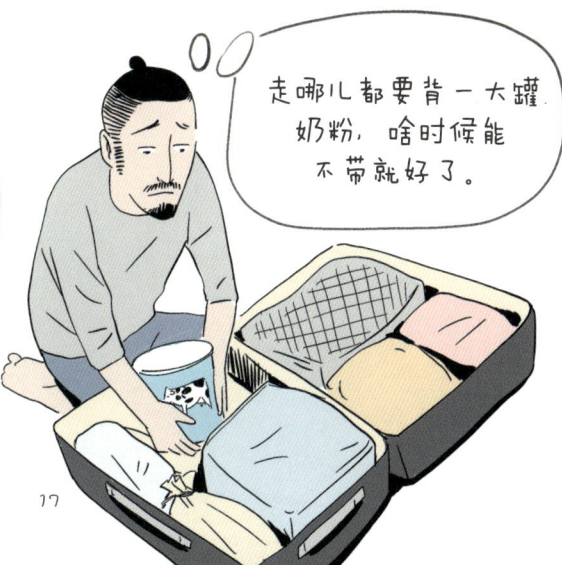

走哪儿都要背一大罐奶粉，啥时候能不带就好了。

17

最烦把奶粉装入便携袋。

18

谁发明的这玩意儿，每次都搞得满身都是奶粉！

19

后来啥都能吃了，可是……

妈妈，这种罐头蘑菇汤和你做的一点都不一样，以后还是给我做吧。

20

上次明明说这是她最爱的餐厅啊。

爸爸，这菜单看来看去也没有我想吃的啊。

21

娃一天睡三觉的时候，盼啊，啥时候能不哄睡。

22

后来只睡午觉还是觉得麻烦。

快睡吧，都讲三本了。

23

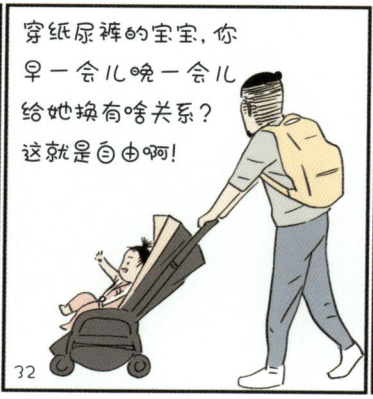

如何与
有娃的朋友
社交

世界上有
两种人

没娃的 VS 有娃的

没娃的人永远搞不懂有孩子的人怎么生活，更不知道怎么和有孩子的人相处，所以为了"世界和平"，我经过长期研究，完成了以下内容。

这是一篇写给没有孩子的人看的漫画！

看懂有娃人
与有孩子的朋友
社交指南

首先，要了解和有娃的人微信聊天的特点：

没娃的朋友

你最近咋样

正要找你呢，有个惊！天！大！八！卦！

有娃的人

什么八卦？快说快说。

然后……

今天不是愚人节吧？你人呢？快说啊！

有信号啊!

嘿!
急人啊!

到底什么惊天大八卦!
哪有这样的,人就不见了!
两小时了都!
今晚这咋睡得着啊!

其实,是诚心实意分享八卦的,
只不过微信发到一半,孩子哭醒了。

啊!
哇!

哄睡时自己
也睡过去了
……

也可能是微信发到一半,
看见娃在到处乱画。

"削"完娃就啥都忘了!

我是谁?我在哪儿?
我刚在干啥?

对于有娃的人来说,微信有时候方便快捷,有时候就像电子邮件,有时候就像一封信,有时候简直就是飞鸽传书,啥时候有空回复,都靠缘分。

一切随缘

没娃的和有娃的约吃饭，尤其约家庭聚会，太难了！

没娃的

周末聚一下吧！带着全家，你娃都快不认识我了吧？

我发现一个很棒的餐厅。

14

有娃的

呃……

就怕你找餐厅啊！

15

怎么样？

年轻人，你不知道我带娃出门有多麻烦，也不知道带娃的爸妈有多事儿啊！

尴尬   尴尬

16

就说找餐厅吧。

去 A 餐厅吧？

不行啊，那辣的太多，娃没得吃。

17

去 B 餐厅吧？

那里啊……那里没有宝宝椅。

没啥？

18

不仅如此，太挤的不行，孩子会影响别人；太吵的不行，娃受不了；太安静的还是不行，显得娃太吵；全是素的不行，全是肉的也不行；咸了不行，有怪味也不行；厕所环境不好不行，没地方放婴儿车还不行……
有儿童餐吗？有娃能玩的区域吗？那区域有人看着吗？

19

对于没娃的你们来说，在酒吧的音乐声中扯着嗓子聊天很正常。

还好这是清吧。

20

同样的分贝，换做亲子餐厅你能忍多久呢？这就是带娃吃饭的地方，就是把超难吃的东西搬去游乐场吃，其实我也受不了，我只是没得选。

21

如果不带孩子的聚会……

好啊，你们先开始，我晚点到，我把娃哄睡了就过去。

这就是一句不靠谱的鬼话

22

希望今天能顺利"放倒"

23

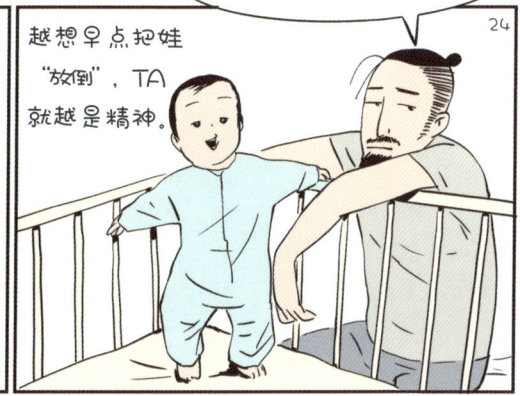

求你了，睡吧！

越想早点把娃"放倒"，TA就越是精神

24

为了不食言，不仅要早早地把娃哄睡，还要自己保持清醒。

吵死了！

25

长此以往，就被扣上了"不靠谱"的帽子，每个有娃的爸妈都放过朋友的鸽子，被人说过"不靠谱！"

不靠谱

26

带着娃和人吃饭的画风大概是这样的：

别急别急，妈妈在剥呢。

虾！
虾！

27

啊，你继续说，你说什么来着？

28

嘘，妈妈说点事，你先安静。

哦？

29

说到哪了？继续继续。

带娃出门＝把脑子放在家里了

30

没娃的人啊! 如果有人带娃见你时, 给娃看动画片, 恭喜你! 你受到了有娃人的最高礼遇, 所以千万别问傻问题。

31 ——康乐

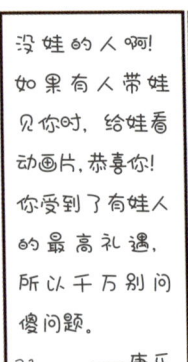

她可以看这么久动画片吗?

呵呵, 还好吧, 这样安静点……

内心 OS: 我不让她看, 她能安静吗? 你以为这个地方对小孩子来说很有趣吗? 还不是为了和你说两句话, 你快点说, 她不就能少看一会儿吗! 你废话那么多!

知道有娃的人在社交中最怕什么吗?

呀! 你也住在这儿吗? 原来我们同一个小区, 有空来家里坐啊!

哈哈, 好巧

"家里坐"是你家还是我家呀?

不好意思, 你借我的那什么忘带了, 周末我给你送家去吧!

不忙不忙。

咱们说好的家宴啥时候安排上啊

啥时候说好了啊? 这咋回呢? 要不拉黑算了。

有娃的人最怕别人来家里, 你们不知道请人来家里意味着什么, 也不知道要面对什么。

请进, 这就是我家, 找地方坐, 如果你能找得到, 小心脚下, 你们不知道光脚踩到乐高有多疼。

最后的几点建议：

如果你收到一堆这样的乱码，我没疯，也不是密码让你破解，也不要不停问我要说啥，这只是我家娃拿了我的手机。

> @！#￥%
> 是 a a a a a a
> a a 5 1 2

39

不要当着有娃的人说别人家孩子"熊"，而且孩子是不是真"熊"只有有娃的人看的出来。

> 那孩子太"熊"了，哭那么大声！

> 这个点儿应该是困了，刚才不是还好好的。

40

如果有人和你说：

> 对不起，我要去接娃了。

不管你们聊的是多重要的事，这句话只说明他要马上离开，接娃放学是最不能迟到的事情。

41

有娃的人周末最忙，没有幼儿园，没有时托，还有可能没有阿姨，所以我们周末不约！不约！

42

如果晚上不回你的信息，那是我睡着了。如果早上6点给你回了，那是我起床了。请不要问我为啥起这么早，我哪知道为啥啊！娃为啥起那么早？为啥啊！

43

如果有娃的人开始说一些完全听不懂的话，打断她，不然她不会停下来。

> 我跟你说，这辅食啊……

44

希望这个"指南"让你更了解有娃的人，不知道大家还有什么疑惑，有娃的大家还有什么补充？

我身边已经都是有娃的朋友了，你们大家呢？

45

151

父母资格考试应该是这样的

做父母是天下最容易的事，
也是最难的事。
绝大部分人都能当父母，
可是当好父母可真难。

凌晨 4 点……

如果父母也有资格考试的话，我想是这样的。

1

噔噔愣噔
噔噔愣噔
噔噔噔

4:05

2

您好，提醒您距离父母资格考试还有 5 个小时，请……

3

你也知道还有 5 个小时啊！知道现在几点嘛！有病啊！

4

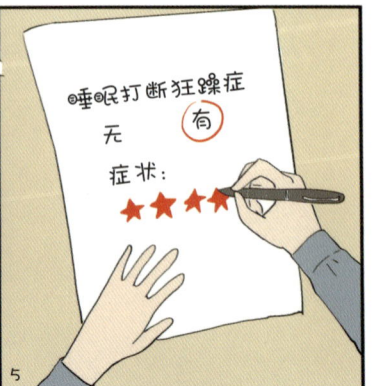

睡眠打断狂躁症

无 　（有）

症状：★★★★

5

考点解析:

做了父母，就交出了连续而优质的睡眠，睡眠不能被打断的人做不了父母。

6

开考前，考场外

你说这考试为啥让我们空腹来吃早饭，这其中一定有诈！

谁知道啊。

7

这早餐看着不错啊，昨晚没睡好就更饿了。

我没见过世面的老公啊，有包子就不错啊？

8

香

9

等一下

收完这桌我要下班了。

10

喂！你谁啊！饭不让人吃完！把包子还给我！

老公！算了算了。

11

进食打断狂躁症

无 （有）

症状：★★★

12

考点解析：

带娃吃饭就要做好自己吃不上饭的准备，能塞上一口就不错了。

13

您好，我是你的考试引导员，请马上跟我来，一定要跟上啊。

你谁？你有包子吗？

14

快跟我走！

等下呀！

15

钻

站住！你去哪？

16L

这什么情况？

这地方好奇怪。

17

考试进行到现在，你们的成绩让人担忧啊。

固定目标跟随运动
无
差
一般
优秀

18

考啥了？不是还没开始吗？

19

考点解析：

人群中跟不上行动迅速的孩子，后果不堪设想。

20

希望你们接下来认真听我说，一定要仔细听！

这人写啥呢？

154

带娃学习的我是这样疯掉的

没带娃上过网课的父母，不足以谈人生。

其实，每天我比娃更怕上网课。

早上起来是这样的。

啊——

1

2

早早起来要舒展身体，拉伸——俯身——呼——把身体活动开，认真做好热身运动。

深深深呼吸，默念 100 遍：美好的世界，美好的生活，我爱家庭，我爱我的孩子！

3

努力把气吐出去，呼——

4

做好充分的准备，然后大喊一声：

5

Luna, 来上课了!

"美好的一天"就这样开始了。经验丰富的老父亲告诉你带娃学习都要做好怎么样的准备:

上课前检查比机场安检都严格，什么都不允许携带。

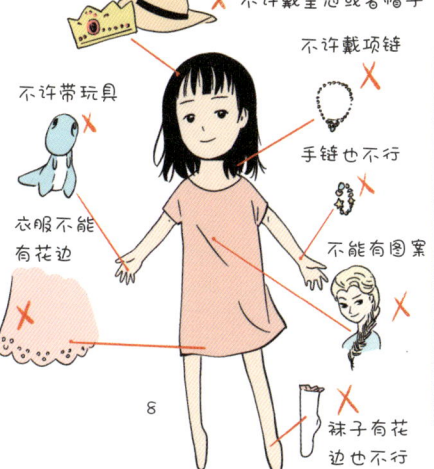

不许戴皇冠或者帽子

不许戴项链

不许带玩具

手链也不行

衣服不能有花边

不能有图案

袜子有花边也不行

否则就光去玩玩具了。

要么就一直看自己衣服上的图案。

玩儿一切可以玩儿的东西。

以后学习什么都不能戴了啊。

哼

实在没得玩儿了啊，也不闲着，会扭来扭去。

还会发呆到忘我的地步。

醒醒!

看哪儿呢！

任何风吹草动都有可能吸引娃的注意力。

15

玩儿纸边儿，有娃不玩纸边儿的吗？！

16

掰着手指头算个题你就好好数啊！

4，5，6……

数着数着就玩儿起手来了，你说这看着能不着急？！

17

18

别掰手指头了，别东张西望的，别摸自己！

别窝那个纸边儿！啥都别做！好好做题！

19

每次发完飙又觉得自己管得太多了，娃还那乙小，我是不是一个暴躁的父亲啊。Luna终究有一天会讨厌我吧，我该咋办啊。然后下一秒……

20

当 Luna 在看幼儿园老师发来的教学视频时

走神中……

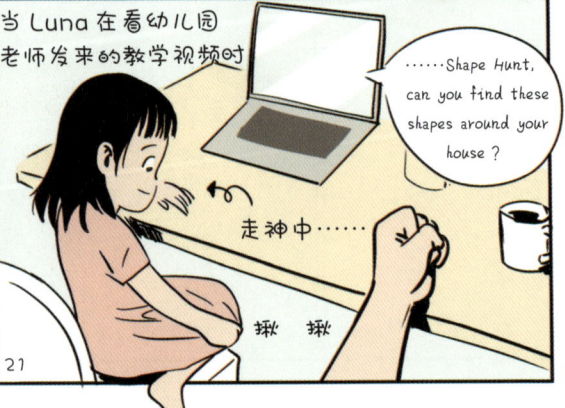

……Shape Hunt, can you find these shapes around your house?

揪 揪

21

Luna！认真听，别走神！刚才老师说啥了？

23

老师说在家里找不同的 shapes, shapes hunt。

哑口无言

24

22

我为啥不直接说让她认真点呢？我为啥要问这句呢？这下子说也不能说，憋出内伤来。

25

最"伤害"亲子关系的，永远是数学，没有之一……

你算算13加4等于几？

忧愁

26

等于……17——对吗？

27

看 Luna 有些犹豫，顺嘴一问。

确定吗？

28

不对不对，16吧，嗯，16！

29

到底等于几？

30

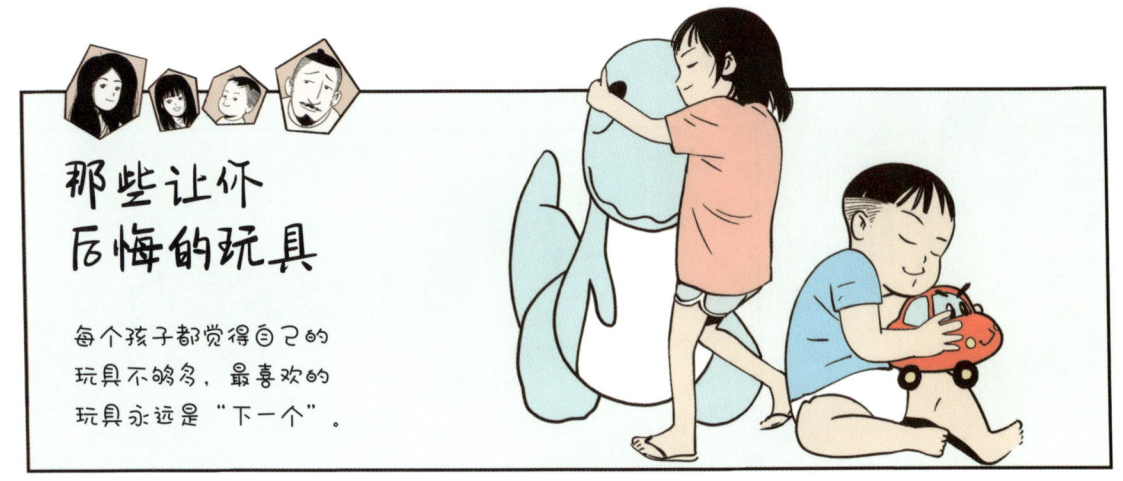

那些让你
后悔的玩具

每个孩子都觉得自己的
玩具不够多，最喜欢的
玩具永远是"下一个"。

娃们到了玩具店，恨不得把商店搬回家，不买一个是不可能离开的。

我想要
这个！

这是我的
最爱了，
我要，
我要。

所以樱桃有个好办法：把喜欢的玩具
都先拍下来，拍多少都无所谓。

拍这个，你拍
清楚了吗？

你能快点
选吗？

我还没
想好呢。

拍完再通过照片来选，
每次选一个。首先
这样选择容易，方便
比较；另外，
拍下来就有一
种"拥有它了"
的满足感，
这大概和看吃播是
差不多的心理。

不过我们今天不是要说怎么选玩具，
有没有一些玩具让你"后悔"呢？
就是每次孩子拿出来玩儿你都
"后悔"，
恨不得给TA
偷偷扔掉的
那种……

每一件能发出声音的玩具都让我"后悔"，
为什么玩具就不能安安静静地吸引孩子们呢？

每次"戏水"都要抢救怕水的东西。

老公！我的手机还在水里呢！

地倒是干净了，天天擦，天天擦！

17

18

凡是消耗父母精力的玩具都容易让人"后悔"。

为啥买了玩具还需要我呢？

我遇到最消耗精力的玩具就是美甲套装。

涂指甲，还要每一个指甲不一样颜色。

别动别动，我都涂到外面了。

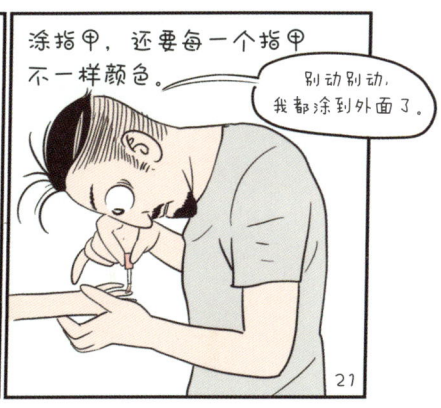

19

20

21

还有贴假指甲，你知道一个指甲有多小吗？光是从玻璃纸上撕下来，就精疲力尽。

不要再动了，不要动。

爸爸，你给我贴歪了啊！

仔看↲

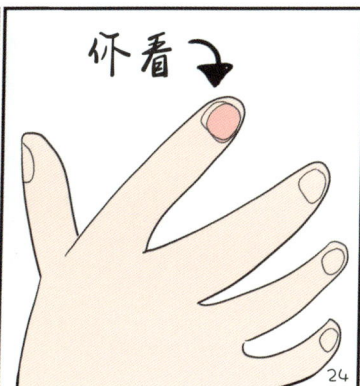

22

23

24

老公，你是不是老花眼了啊？

她不停地动，不停地动！那玩意儿又那么小！这能怪我吗！

家里没个几面地，可别买大件的玩具，不然肯定后悔。但是大件玩具确实实招人喜欢呀！

哇！太棒了！耶！

25

26

27

大件玩具莫名其妙地被开发出一些奇怪的用途来。

老公，这小房子里面都成垃圾箱了，啥东西都往里扔，你收拾一下，我把小房子送人吧。

孩子们最喜欢的玩具是"下一个"，那么，第二喜欢的是什么？就是你收拾出来要扔掉的那个。

这个小房子终于可以玩儿了，这是我最——喜欢的。

小房子，小房子！

28

29

大件玩具，连"偷偷扔掉"都不可能。

放久了，确实怪舍不得扔的。

30

玩具就应该对孩子有足够的吸引力，让孩子安安静静地自己玩儿，我这个要求并不高啊。

31

当然，玩具一定要安全，孩子玩儿的时候安全，大人也安全。

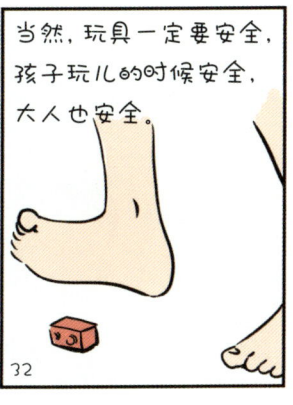

32

疼 疼疼

33

玩具还要便于收拾和整理，不能到处都是……

34

为啥 Luna 喜欢的玩具都那么难收拾呢？

35

你们说，有没有完美的玩具？完美的玩具是什么呢！

36

预测未来
让每个父母都不淡定了

你们会看着孩子们玩耍、打闹，想象着 TA 们长大以后的样子吗？我会，我天天都在想。

俗话说："三岁看大，七岁看老"，其实每个父母都喜欢"预测"孩子的未来。

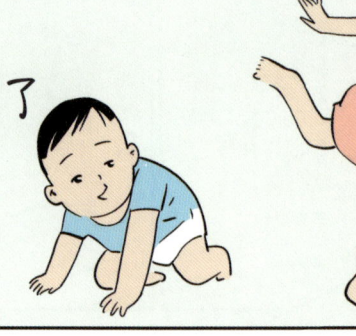

像是个"算命先生"一样，天天琢磨着孩子以后啥样。

1

2

想象孩子以后干什么工作，会长成什么样子，和什么人在一起，还有自己和孩子的关系会怎么样呢？

3

有时候这种"预测"还是社交中重要的方式：

"预测"社交重要句式

哈哈

呦！你家这孩子看着真……长大一定……

4

这种"预测"好像
每天都会听得到，
被夸赞的时候能听到，
挨骂的时候也能听到，
我小时候也被家长
这么"预测"过。

你就这样啊！
我看你长大了也是
没出息！

我长大了，我也
不知道我算不算
被"预测"得没
出息。

谁小时候没有被这么"预测"过呢？

你这都算不明白！
我看你长大了连钱
也算不清，你就
被人骗去吧你！

那个——
被这么说过
的你们，
现在能算清
钱吗？

我们家宝贝
这么聪明，以后
当个科学家吧！

那些聪明的宝贝们，
现在都是科学家了吗？

这句大概也很常听到：

成天不好好学习，以后要饭去吧！

所以这个预测对吗？挨过这样骂的人都要饭去了吗？

还有很多啊——

再大一点还是不停被"预测"

这么会算计，以后能发大财啊！

你会啥，我看你七老八十，还得我养着你！

这么看，以后是个当领导的料。

你这个样子可怎么嫁得出去！

我看你是娶不上媳妇了你！

所以，这么多的"预测"都说对了吗？说不准，为什么还要成天不停地预测未来呢？

其实，每个父母都关注着孩子的每个细节，这些细节在父母的脑海中被放大，大到笼罩了孩子的一生。

就算你不说出来，也会不停地想。只要是父母，就停不下来要去"预测"孩子的一生。

18

妈妈，我不想吃了，我吃饱了。

这牛奶我喝不下了。

19

20

"不想吃"，在妈妈的脑中是这样的：

这不吃怎么行，这么挑食以后可怎么办？胃越饿越小，长大了要是得"厌食症"就麻烦了。现在长身体的时候不好好吃饭可不行，以后没有好身体，啥都干不成。不！他就是不喜欢我做的饭了，她不需要我了，她不爱我了！

21

于是……

你给我吃完了，吃不完不许下来。

22

爸爸看这个问题的角度有点不同。

这是吃几个了？是不是有点多啊？

23

173

孩子太能吃，在爸爸脑子里是这样的:

这得控制啊，这么吃下去就是个大胖子，上学了会被同学欺负啊。以后会越来越懒，越来越能吃，如果现在不控制，以后可就难了。到了我这岁数，恐怕要"三高"，想着都吓人!

小野，听爸爸的，不吃了啊，爸爸这是为你好。

有关孩子的事情，你没法不多想。

小野玩高兴了，打了Luna一巴掌，就想:这要是发展下去可麻烦了，以后惹是生非，成天打架可咋办?

Luna不愿意把玩具分享给小野，就想这不愿意分享是不是没有同理心啊，是不是以后会成为一个自私的人?

看到两人一刻不停地蹦跶，就想:这俩是不是得了多动症啊，要不要去看看?

两人不爱动的时候又想:这么懒，身体怎么能健康呢?

其实，眼前的一点小事，并不能影响孩子的一生。眼下的小缺点，也许只是这个年龄阶段的特点，不用放在心上。做父母的要学会:别把孩子当下的问题，映射到TA的一生中去。给孩子时间，做好现在的事情，这样大人孩子都会轻松。

对大人来说，20以内的加减法多简单，所以每个孩子都会学会的，只是时间早晚的问题罢了。

30

说到加减法啊……

Luna，认真点，就这么几道题，一会儿就算完了。

爸爸，你看小野在干啥呢？

走神——
持续走神中——

31
32
33

在爸爸的脑子里，事情是这样的：

这么简单的东西，怎么可能不会，就是不专心。不专心以后怎么能学习好？以后越来越难的题肯定跟不上啊，到时候就自暴自弃，然后天天就知道玩儿。没有知识天天就被人骗，到时候不知道要被什么样子的蠢小子给骗跑了。

蠢到不知道戴头盔的小子。

34

这！怎！么！行！

你给我认真算，这么简单的题早就应该会了！走神走神！就知道走神！算完把这些再给我抄十遍！

越是在乎，就越是无法停止去"预测"孩子们的未来，因为我不仅在乎你们的现在，也在乎你们的未来，在乎你们的一切啊！

35
36

175

陪娃秘籍大公开

你喜欢玩吗？
你都玩点儿啥？
你喜欢陪着孩子玩吗？

你陪孩子玩的时候是哪一种？
激情四射……

7

还是被逼无奈呢？

变！

我是魔法师。

2

通过我多年的陪娃经验，我总结出：陪娃有以下这些情况。你是哪一种呢？

3

全情投入型

4

这种陪玩方式最累，是心理和身体上的双重疲劳。不过孩子们喜欢。

爸爸，你来做我的病人怎么样？

5

那你就马上躺下，乖乖等着大夫给你看病。

又来了。

我要给你做些检查。

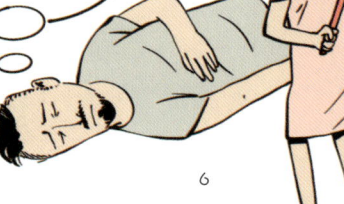

6

动画片"不教好"啊，不知道啥时候
就喜欢给人检查膝跳反射。

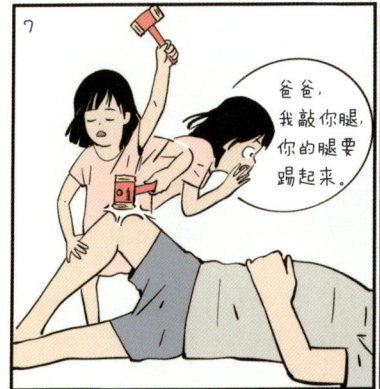

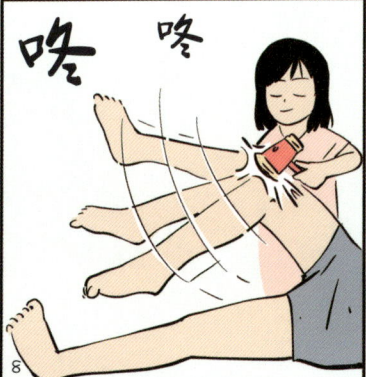

一开始你可能放不开，没关系，多玩
几次就好了。
等你放开之后，世界都不一样了。
在哪里都可以瞬间投入，
戏精附体，
再也不会"不好意思"。
直男死亡角度自拍毫不费力，
拍了还要给所有人看。

就是这么
任性！

15

全情投入多了之后，
难免掌握不好分寸。

这就是前面敲腿
的那个锤子

16

你们看我的，
"打地鼠"
我可是专家，
这个青蛙
更容易打！

17

等下，我还没有
突破我昨天的记录，
再来两把，
我就不信了！

爸爸，
给我玩，
给我玩嘛！

18

寓教于乐型

也个能傻玩啊，总要教孩子点东西。

爸爸，我的小兔子，
把腿摔断了。

我来帮它把腿接好，
你来做我的护士好吗？

好！

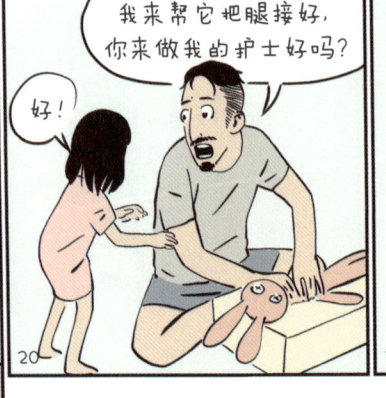

20

首先我们需要固定板和绷带。

像这样把兔兔的腿
固定好，回去休息
几天就可以啦！

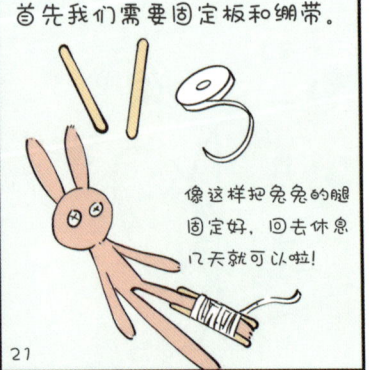

21

19

Luna, 你知道吗, 如果人不小心摔断了骨头, 可不能乱动TA摔断的地方, 要尽快找固定板把断的地方绑好, 然后尽快去医院治疗。

22

当然, 寓教于乐需要恰当的机会。

Luna, 你看你有多少块乐高, 弟弟有多少? 一共是多少呢?

爸爸, 我在玩乐高呢, 又没有上数学课。

……

23

还有……

心不在焉型

爸! 爸! 该你猜了, 快别看手机了。

正在玩桌游

24

等一下啊, 爸爸和人说几句话, 你自己先玩儿。

我自己咋玩?!

25

也不是说"心不在焉"型就一无是处, 其实心不在焉也能让孩子玩得很开心。关键是你要甘心扮演一个"大玩具"!

嘻嘻

26

既然是"大玩具", 就要毫无怨言, 任人摆布。

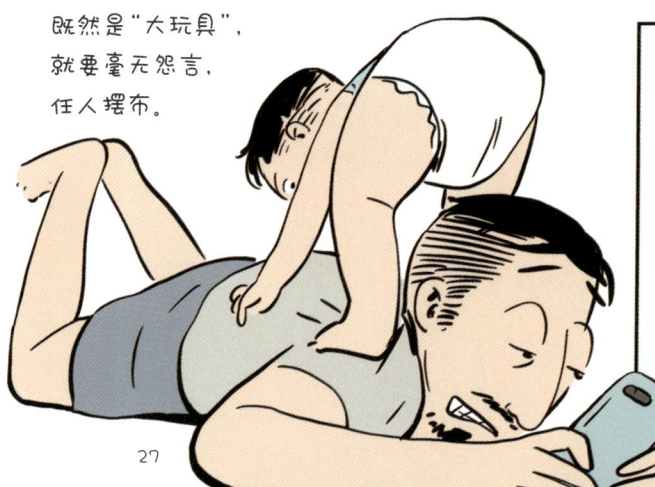

27

做玩具中的"战斗机", 做最"耐用"的爸爸, 是我一直追求的人生目标!

28

179

准备起飞！

精神好的时候……

啊哈哈哈哈！

哈哈！

29

爸爸再来一次！

该我了，爸爸，该我了！

举高高游戏简直就是育儿界的波比跳！最燃脂的运动，没有之一！

30

现在越来越不敢轻易带娃出去放电了，自己的电量总是跟不上！

等

哈哈哈。

31

看路！别回头看我！慢点！

快！快！

32

当电量耗尽……只能转入任人摆布型。

起来，爸爸。

快起来！还要玩，还要，爸爸，起来。

33

最后的"大招"当然是——

投其所好型

此方法
副作用很大，
非万不得已
不建议
使用。

34

爸爸，
陪我玩吧，
给我讲故事
也行。

35

玩会儿手机吧，
密码你知道，
自己开。

36

爸爸？
爸爸？

37

给你零食，
自己抓着吃。

38

你们以为赶稿子
的时候，我们
怎么对付孩子
呢？除了"大招"
哪里还有什么
办法。

此刻的我

39

上面那些陪娃的方法，
你是哪一种呢？

你们还有什么陪娃的方法吗？
分享一下吧……

40

以上陪娃方式循环两遍，
我的一天大概
也就过去了——

41

麻烦的两岁

每个孩子都不同，
小野的两岁怎么那么不一样！
终于知道什么是 "Terrible Two" 了。

两岁了！

叫娃换衣服出门是这样的。

孩子们，
换衣服出门！

1

耶！
我要穿新裙子！
粉色那件！

2

两岁起，Luna
出门前要自己
挑裙子，还要
在镜子前照来
照去。

3

可到了小野两岁

孩子们，
换衣服出门！

哈哈

4

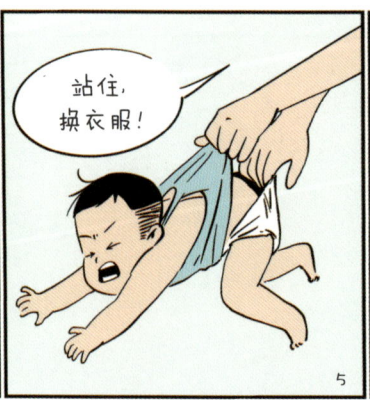

站住，
换衣服！

5

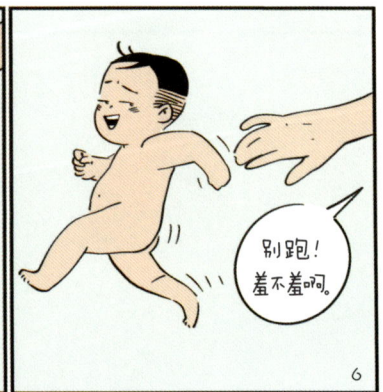

别跑！
羞不羞啊。

6

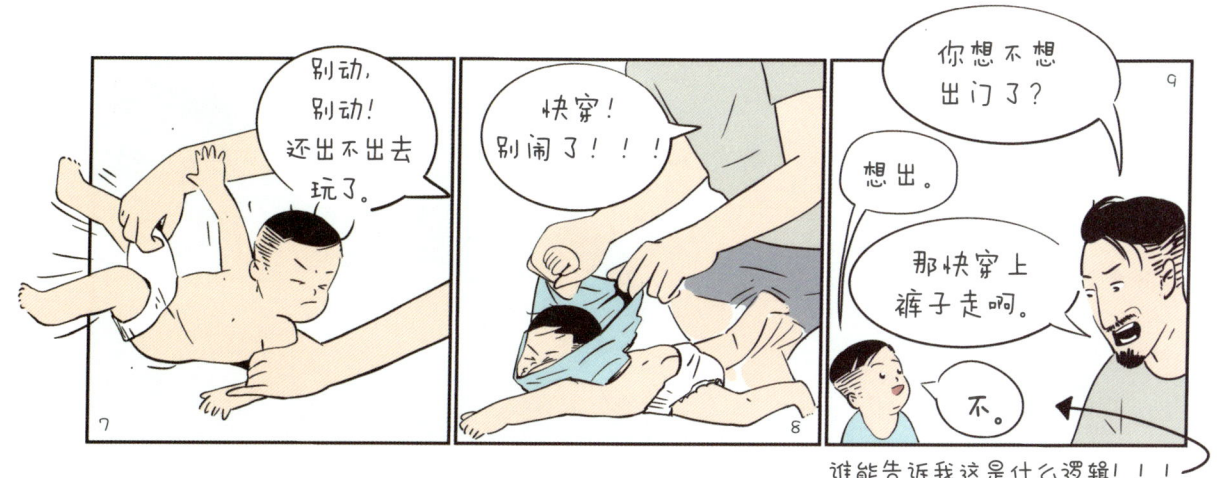

谁能告诉我这是什么逻辑！！！

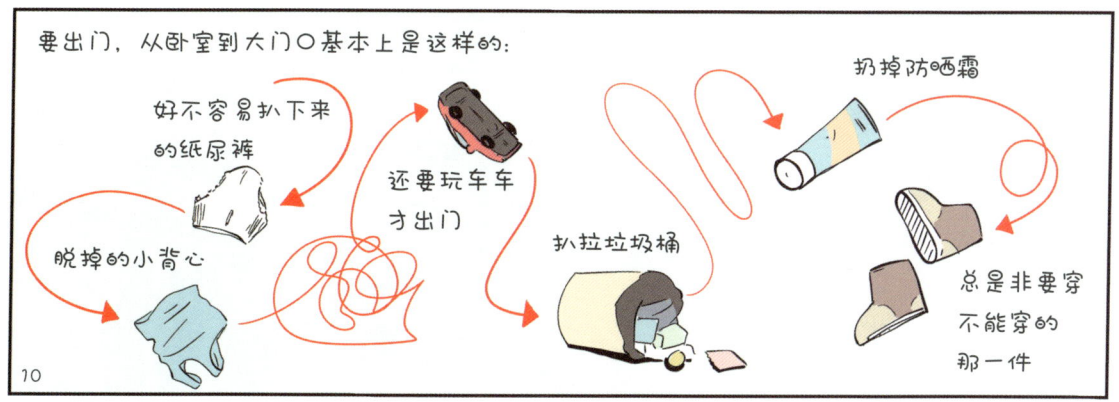

磨蹭到了门口又着急了，非得出去。

白

当然，"Terrible Two" 的最普遍表现：说不！

不！
不要！

14

学会的第一句英语：

No.

15

也许小野并没有比Luna更淘气，只是他更重、更有力……

16

Luna两岁时在爸爸背上。

17

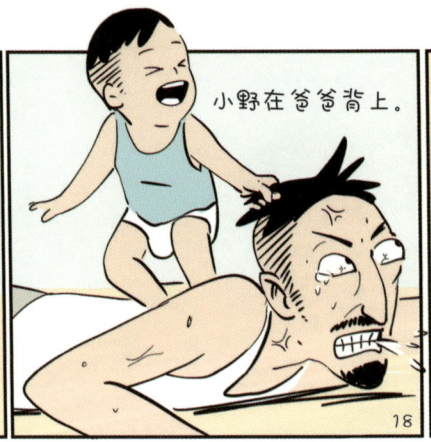

小野在爸爸背上。

18

Luna两岁时在游乐场放完电回家的路上。

zzz

19

小野在游乐场放完电回家的路上。

妈妈！
妈妈！
妈——！
我饿啊！
饿啊！

20

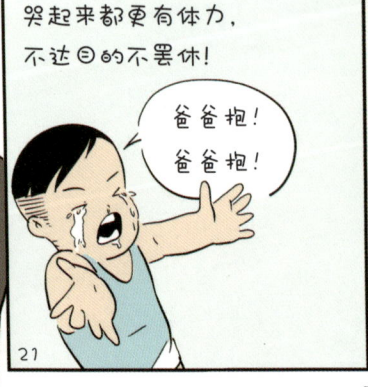

哭起来都更有体力，不达目的不罢休！

爸爸抱！
爸爸抱！

21

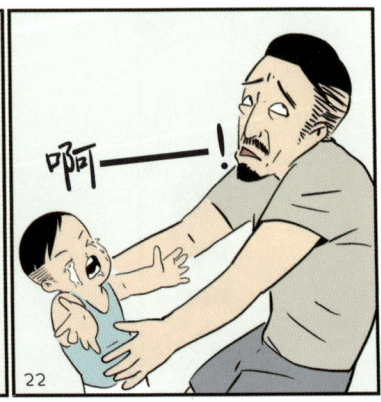

啊——！

22

真不是惯着他，是真受不了他哭啊！

如果让他做不想做的事情：

小野，去洗澡啦！

不！玩车车。

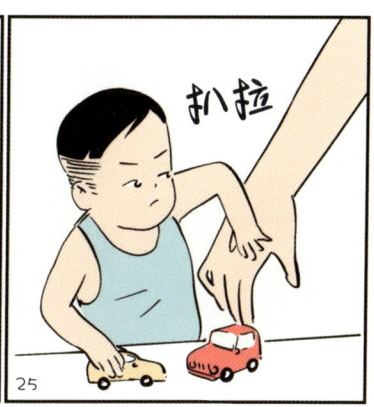

扒拉

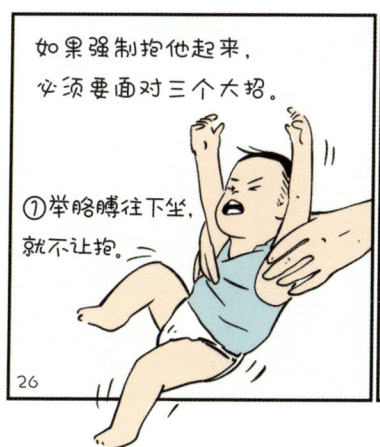

如果强制抱他起来，必须要面对三个大招。

①举胳膊往下坐，就不让抱。

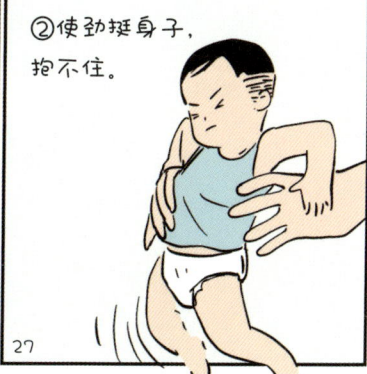

②使劲挺身子，抱不住。

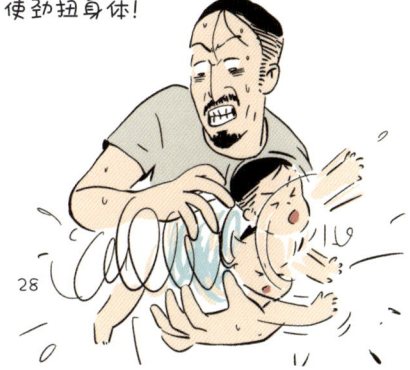

③抱起以后可不是成功，小野最后一个大招就是使劲扭身体！

小野不仅身体强壮，还有强大的内心。

对于小野这一点，大家是这么说的：

奶奶说：

这弄不了嘛，根本弄不了啊！

赞许的语气

阿姨说：

30

He is so strong !

樱桃说：

老公！快来搞定你儿子！

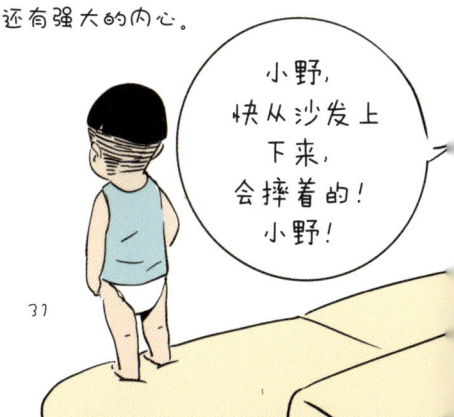

小野，快从沙发上下来，会摔着的！小野！

挨骂时的反应姐弟俩也完全不同！

Luna 只要被骂，
马上就哭，
看起来特可怜，
让人不忍再骂。

小野只有一脸懵，
咋骂都是这么一张脸，
让人觉得再骂也没用，
也就不骂了。

小野，
快给姐姐道歉！

冷漠

小野，
如果不道歉就抱抱姐姐，
也算道歉了。

抱抱就好了，
真是我的好弟弟。

抱

这就好了？！
到底是谁给谁道歉啊！

其实小野的"Terribe Two"
也并不怎么 Terrible，
只是他精力旺盛，太凶，
太有力罢了。

5岁的黄金宝宝期真的"黄金"吗？

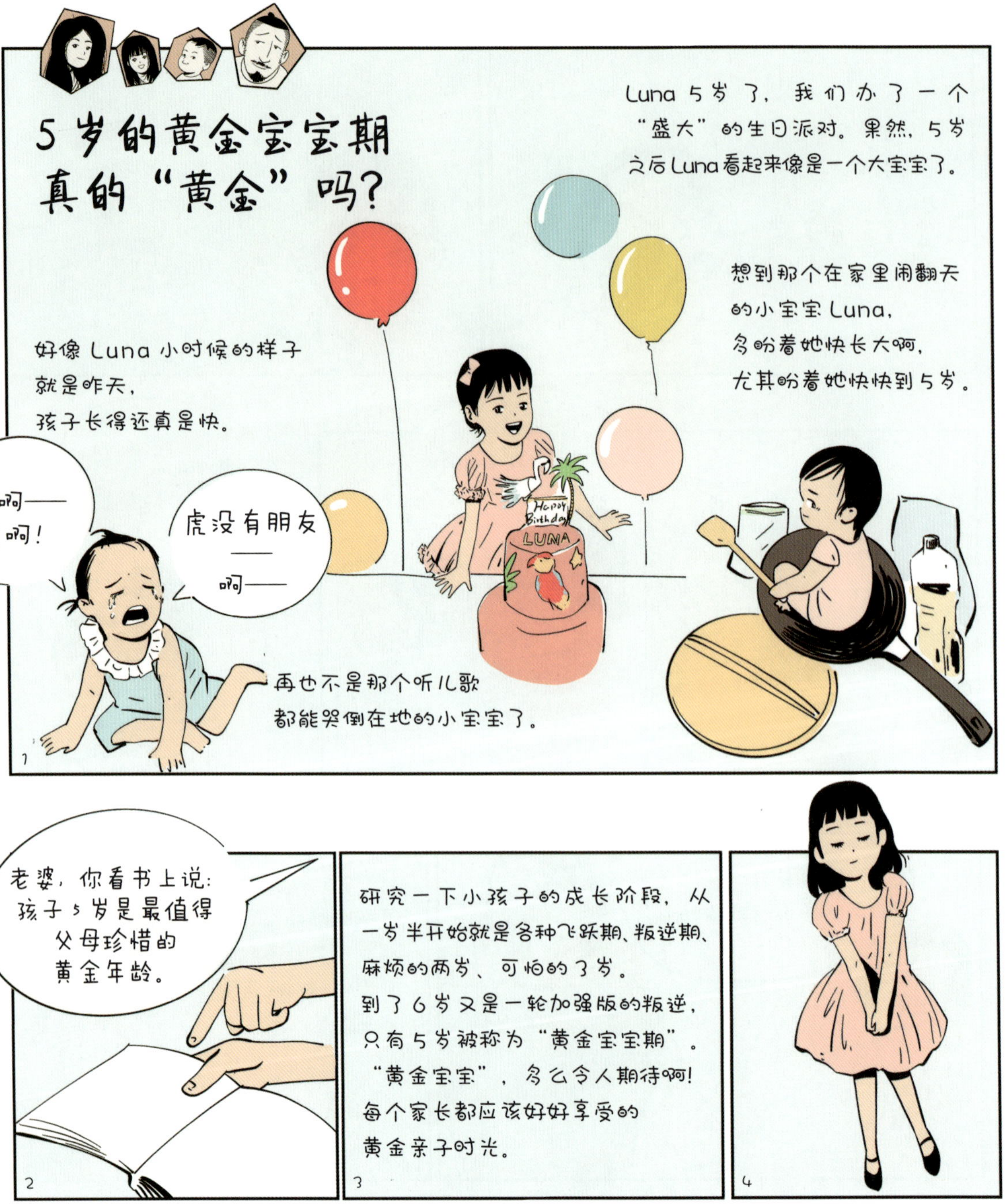

Luna 5岁了，我们办了一个"盛大"的生日派对。果然，5岁之后Luna看起来像是一个大宝宝了。

想到那个在家里闹翻天的小宝宝Luna，多盼着她快长大啊，尤其盼着她快快到5岁。

好像Luna小时候的样子就是昨天，孩子长得还真是快。

虎啊——虎啊！

虎没有朋友啊——

再也不是那个听儿歌都能哭倒在地的小宝宝了。

1

老婆，你看书上说：孩子5岁是最值得父母珍惜的黄金年龄。

2

研究一下小孩子的成长阶段，从一岁半开始就是各种飞跃期、叛逆期、麻烦的两岁、可怕的了岁。到了6岁又是一轮加强版的叛逆，只有5岁被称为"黄金宝宝期"。"黄金宝宝"，多么令人期待啊！每个家长都应该好好享受的黄金亲子时光。

3

4

书上说：

可是，Luna 每天都不停说话……
而且没话找话。

妈妈，
我有一个秘密
……

根本不是秘密
的秘密

爸爸，
是不是我小时候
……

问过100遍

和 Luna 一起在密闭空间里，简直就是灾难。

其实吧，
你们知道吗？
如果……
那个什么……

自己都不知道自己在说啥

爸爸，是不是因为
红灯你才停下来。

爸爸，你排在第二个吗？
前面是一辆白色的车。

爸爸，
你知道
嘎吧哒嘟嘟
是什么意思吗？

爸爸，爸爸，
你是怎么开车的呀？
你在踩油门还是
刹车呀？

最后小野都看不下去了。

姐姐，
姐姐你不说话
好吗？

安静的5岁吗？
我怎么从来都没有经历过呢？
安静的5岁是说
孩子去了幼儿园
才能得到安静吗？

书上说：

5岁的黄金宝宝期
只喜欢阳光和正面的年龄

只喜欢积极正面的东西
最阳光的年龄

21

可是孩子越大越有想法，
怎么只会有正面的情绪呢？

我好无聊啊，我永远都不可能去游乐场开心地玩了吗？

22

妈妈这个蘑菇汤是和上次一样的做法吗？这个味道一点也不好吃。以后不要做这样的蘑菇汤了。

有了更多方面的"意见"

姐姐在说啥呢？

23 妈妈偷懒用了罐头蘑菇汤，仅此一次就被"指责"了。

不总是"阳光"，还因为总是提各种"非分"的要求被拒绝

我能再吃一块巧克力吗？

不行，今天已经吃过了。

哼！从来都不能想吃多少就吃多少。

生气了！

24

孩子越大，情绪就越复杂。从来都不可能有只看得到阳光的年龄啊！

25

书上说：

5岁的黄金宝宝期
学会了自得其乐

这个年龄的宝宝学会了独立玩耍，并且享受自己玩耍的快乐。

26

可是，Luna 从来都不自己玩儿啊。

爸爸在工作呢，马上又要交稿了。

爸爸，和我拼图嘛！

27

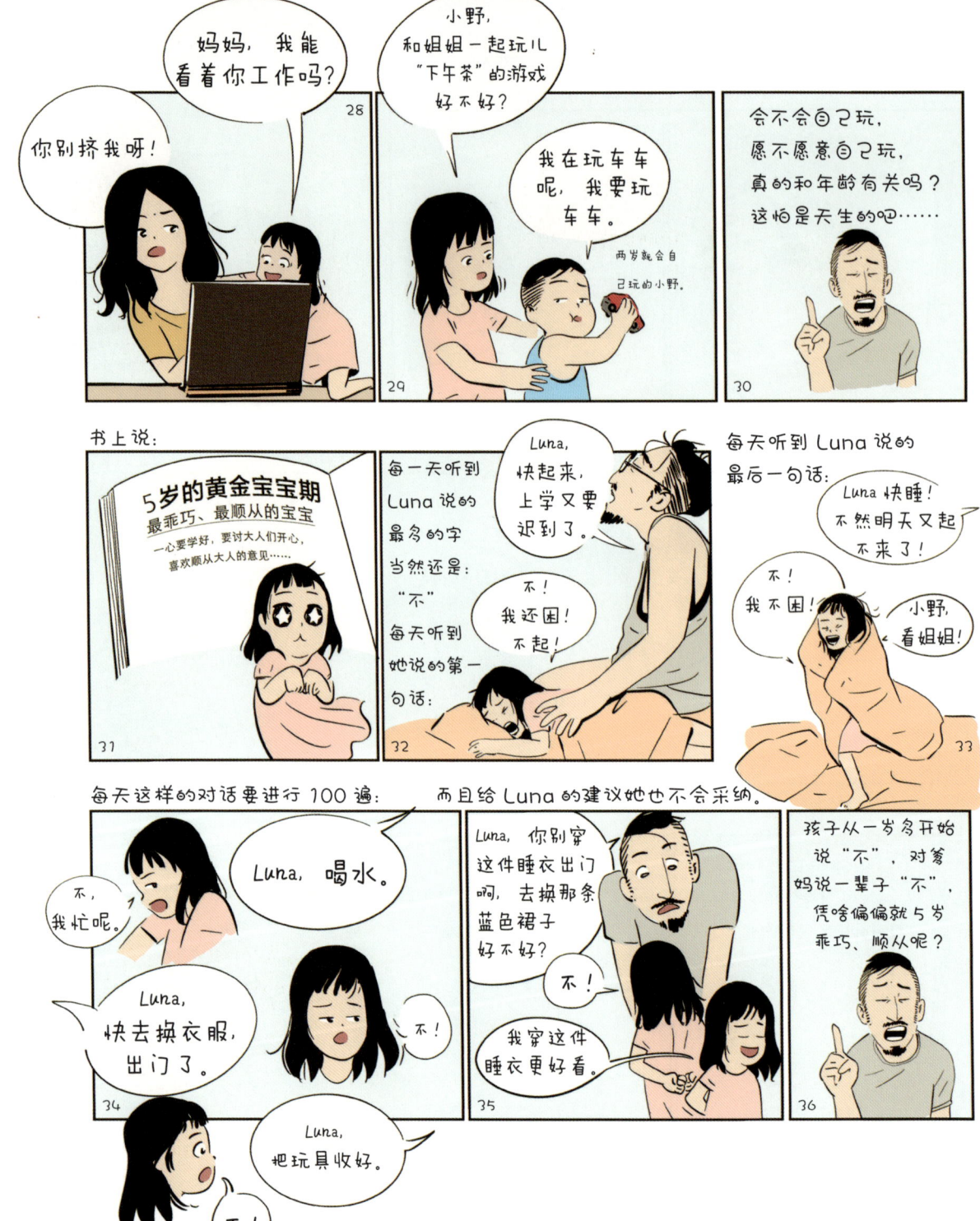

书上说：

可是，我咋觉得不遭到嫌弃就已经很难得了呢？

还有：

你说气不气？气不气？

哪里不对……

这是一篇老父亲的检讨书，
有时候我会成为那个
我最不想成为的爸爸的模样。

经过了一段时间的
密集型带娃，
我觉得我出问题了。

我的很多情绪都丧失了，
只剩下了这么两种：
生气和麻木。

1

2

3

很多时候应该有丰富
的情绪，可是都被
"生气"给占据了。

气到心塞……

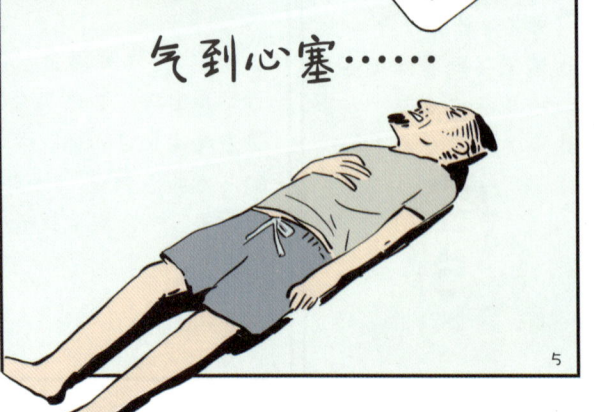

4

5

当娃们在做一些危险的事情时，有时，只是有一点小危险。

小野快下来，会摔着的，快下来！

这时的情绪应该是"担心"。

可是看到娃不听话，甚至给你一个嘲弄的眼神。

瞬间暴怒

给我下来！！！

偶尔 TA 会因为太淘气而真的摔了。

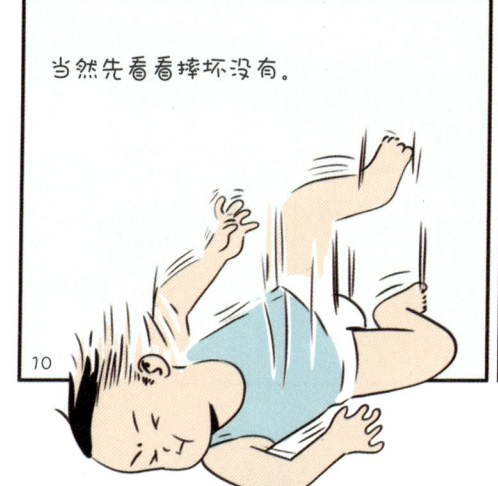

当然先看看摔坏没有。

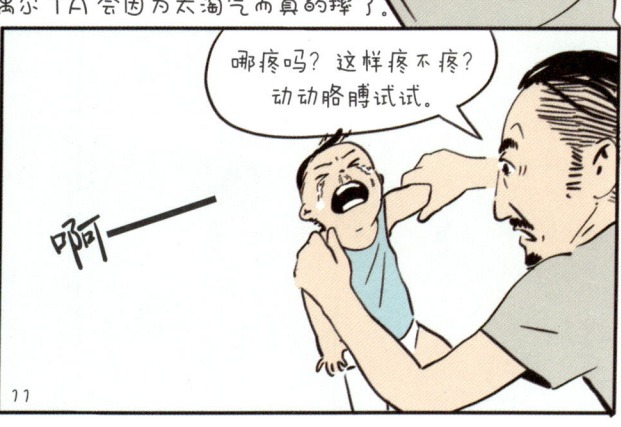

哪疼吗？这样疼不疼？动动胳膊试试。

啊呵——

就想到说了那么多次，
也摔过几次，还是不长记性。

于是……

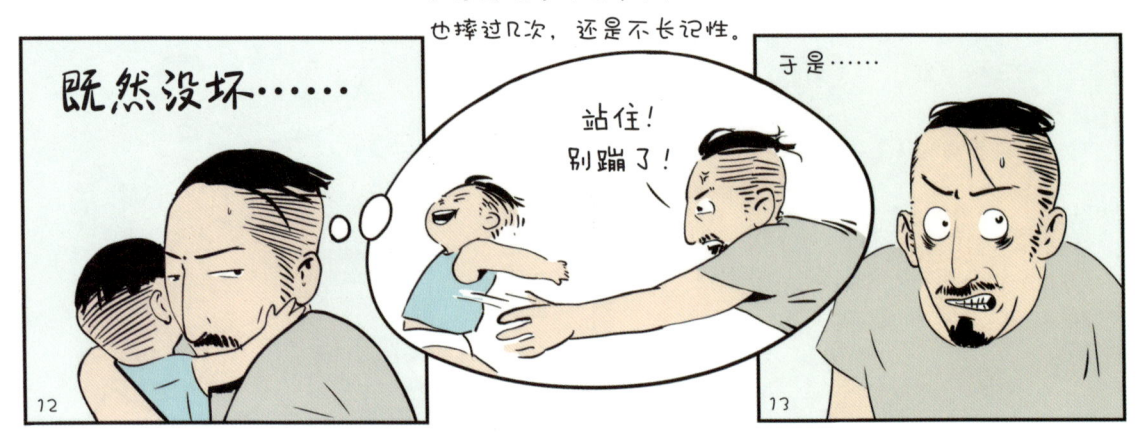

既然没坏……

站住！
别蹦了！

看吧！摔了吧！我看你以后还在不在沙发上跳了！！！

每天早上 Luna 出门都是"世纪难题"。

Luna 快点，这早饭也吃太久了！

哦。

吃完早饭
继续磨蹭。

然后各种"作妖"：

我要穿这条裙子。

我要上厕所！

我要带兔兔去。

我自己弄鞋带。

着急最容易变成愤怒。

Luna 要迟到了！我们 10 分钟前就应该出门了！

爸爸，这鞋的颜色和我的衣服不太搭呀！

然后总有一个"作妖"会引爆愤怒的情绪。

快点！

Luna！给我快点！就没有一个早上是省心的。

放电不够，孩子睡前折腾。

不。

睡了小野，躺下，快躺下。

这一折腾，少则三五十分钟，多则两小时。

最暴怒的一次是去动物园。   转脸就不见了!

一点小东西就吸引了 Luna 的注意力。

36

37

去哪儿了?

紧张、害怕、大脑一片空白

38

30 秒之后找到 Luna 时的情绪完全变了,只剩下……

……

39

暴怒

以后别出门了!就该把你绑在家里!

40

该担心的时候,该心疼的时候,该着急的时候,该平静的时候,该提供帮助的时候,不小心都用愤怒替代了情绪。和娃一起时,你们有没有也这样过呢?

41

42

不生气……

没人能真的完美控制自己的所有情绪,所以要不停反省自己。我希望自己能更好地管理情绪,更少发脾气。要记得提醒自己哦。

43

养娃这些年
受过的外伤

好像每一期都在说养娃不容易……
气出内伤！
其实，真的就只有"内伤"吗？

告诉你吧，养娃一样容易遭受各种"外伤"，没受过这些伤的，等于没有养过娃。

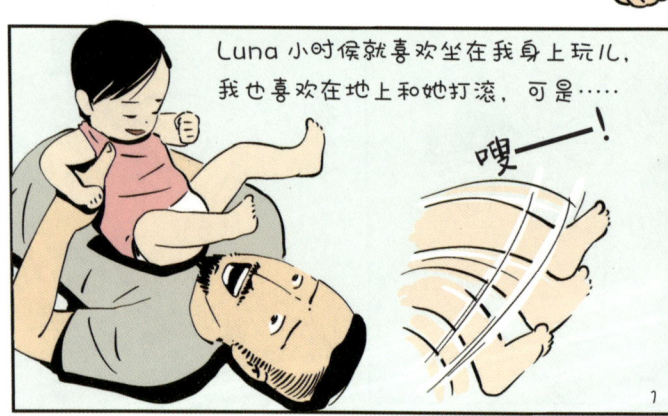

Luna 小时候就喜欢坐在我身上玩儿，我也喜欢在地上和她打滚，可是……

噢——！

嘭！

被踩脸就是家常便饭。　2

小野也喜欢在我身上玩儿。

这个咋这么吃力呢！

你知道的，孩子一高兴就容易得意忘形。

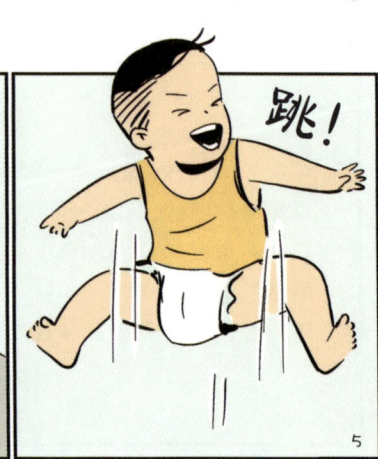

跳！

没错，最容易受伤的是：眼睛！
我像保护眼睛珠子一样保护我的娃们，
结果我在保护娃的时候却保护不了我的眼睛珠子……

啊——!

捅

啊——

那一刻感觉自己就是表演吞剑的杂耍艺人!

任何一件小事都有可能让你"受伤",没抱娃伤过腰的怎么敢说自己带过娃!

别跑!

啊哈哈哈!不要——

咔嚓!

感觉自己的腰就好像一根被掰断的一次性筷子。

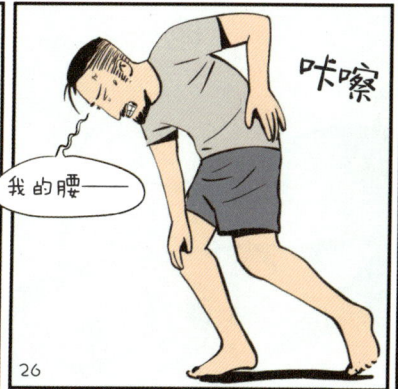

咔嚓

我的腰——

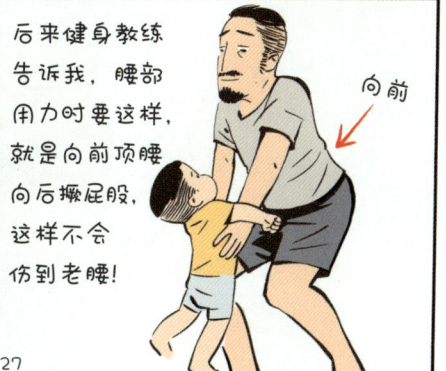

后来健身教练告诉我,腰部用力时要这样,就是向前顶腰向后撅屁股,这样不会伤到老腰!

向前

这么抱娃真的腰不疼了嘿，可是架不住娃闹腾！

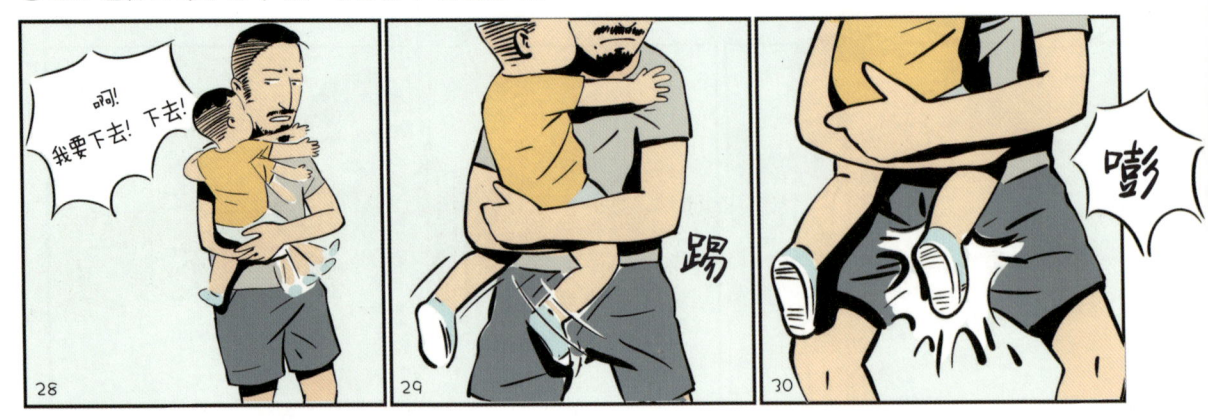

......

33

和娃们好好说话

每一位父母都有对付孩子的秘籍，为了让娃听话，各自都有一套说话的方法，这些方法有时管用，有时不管用。有的方法被娃识破多年，无奈之下还在用。

这些秘籍有的来自书本。

1

有的来自自己小时候的"经验"，父母对我们就那样讲话。

小时候的老父亲

2

有的秘籍便是○○相传。

3

众所周知，给孩子选择，TA 就会不由自主地跟着你的节奏走。

爸爸，我要吃冰激凌。

你想吃苹果，还是香蕉？

忽视娃要说的，直接给出让自己开心的选择。

爸——爸，我要吃冰激凌！

从小就不被带节奏的 Luna。

小野也一样。

小野去洗澡了！

不！

我要玩恐龙。

那你想冲澡澡，还是泡澡澡啊？

我要玩恐龙！

这种事情一直都在发生。

Luna 你要背诗还是拼读呀？

我要看动画片。

Luna，回家后你想玩拼图还是乐高？

我不回家，我要去游乐场。

小野，你要先吃胡萝卜还是米饭？

吃肉。

这方法真的奏效过吗？啥娃吃这一套啊？你们成功过吗？

Luna 偶尔不好好吃饭，

扭来扭去

14

招惹弟弟

这时往往会恐吓她一下。

Luna，不吃没得吃了啊！不吃就下去！

15

然后……

真的吗？

兴奋

16

哟！去玩喽！

17

还有……写字的时候走神，

18

Luna 你这么不专心！我看你就别学了！

19

好耶！

20

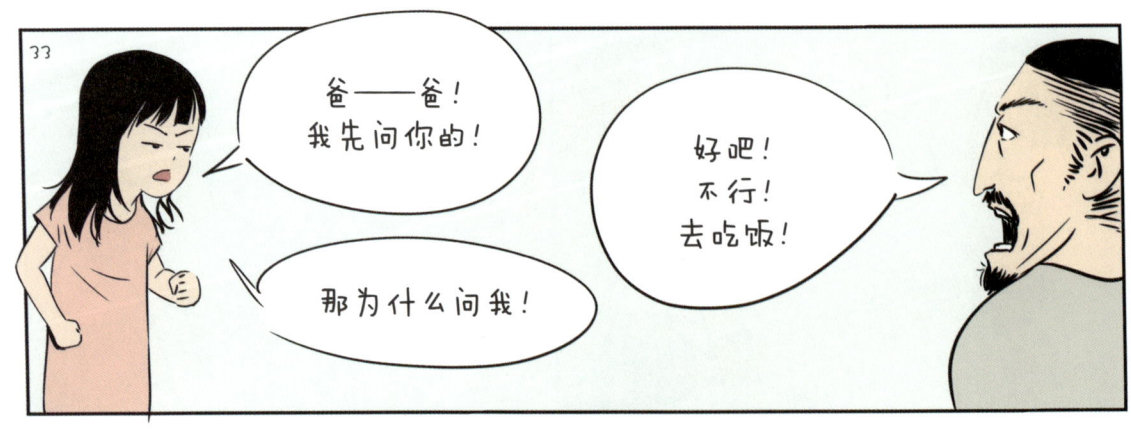

一位朋友带娃来家里玩，饭前对孩子说：

我们要吃饭了，宝宝你千万别洗手。

？？？

后来那娃真去洗手了。

因为她现在叛逆的很，那我干脆反着说，有时候很有用。

真的吗？听起来有点奇怪，可万一真的有效呢，Luna 成天说不，我也试试看。

Luna，现在很晚了，不过你可别睡觉，不洗澡看绘本，玩拼图可千万别睡着了。

啥？？？

好耶！

她……她咋不叛逆了？人家管用，我咋不行？问题出在哪儿了？

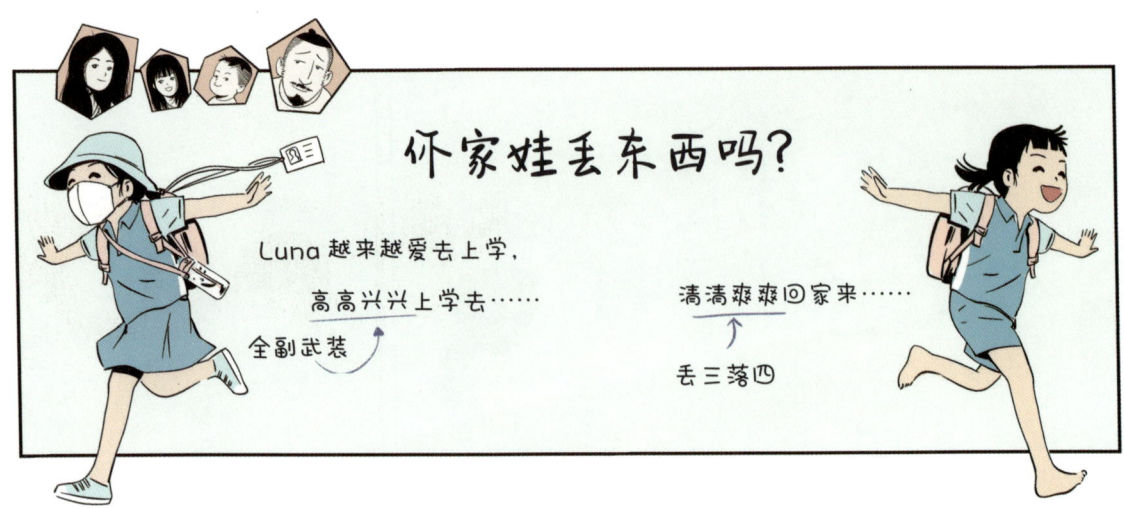

你家娃丢东西吗?

Luna 越来越爱去上学,

高高兴兴上学去……

全副武装

清清爽爽回家来……

丢三落四

唉? 你早上那什么, 那什么咋不见了?

不知道 Luna 这几年丢了多少东西。

小头饰啊

小玩偶啊

小野也一样,
非要拿去幼儿园的小汽车就没有一辆能拿回来的。

最近, 娃们丢东西的趋势愈演愈烈。

丢最多的当然是口罩。

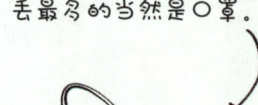

除了口罩，
学生卡也爱丢。

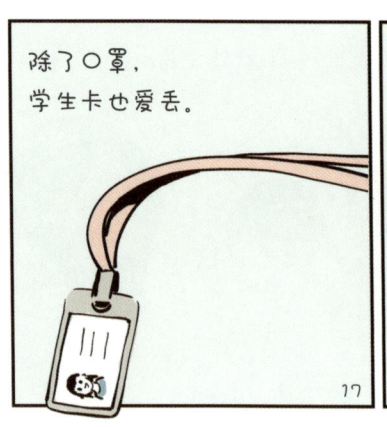

开学的时候，
发现别的孩子的
学生卡都拴在包上，
没啥人挂脖子上……

后来懂了，娃一跑一跳肯定
嫌碍事，就把学生卡
摘了，这一摘
……准丢。

找了一圈都没有，只能去门口
问保安。

请问看到孩子的
学生卡了吗？

这……这里
应该没有。

如果在学校
里丢的，
一定会有人
送到
我这里来。

那一刻我知道
我不是一个人
在"战斗"！

幼儿园小孩每天
上学哪有什么
书本文具啊，
就为了拴个学
生卡才背个包。
包好万目标大，
不容易丢，就算
丢了也更容易找到。

竟然还丢过鞋。

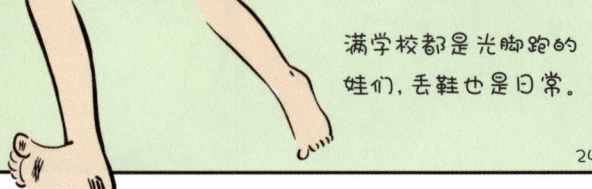

满学校都是光脚跑的
娃们，丢鞋也是日常。

丢鞋那天，老师都觉得奇怪。

谢谢老师。

今天就去了图书馆，然后就哪都找不到 Luna 的鞋了。

25

那天……

把鞋脱掉脱掉，像姐姐一样！

光脚可好啦！

26

在开学不足两个月的时间里，Luna 丢了两双鞋，第二双是心爱的"冰雪奇缘"鞋，上面印着艾莎和安娜。

丢了

27

姐！你说咱还能回家吗？

谁知道呢！

28

"最爱丢系列"中，还有帽子。

29

我今天没有戴帽子吧？戴了吗？

30

每天去失物招领处溜达一下，总会有收获。

Lost & Found

Luna 的帽子果然在这儿。

31

在失物招领处，总能碰到别的家长，你都不知道那里的东西有多么丰富。

32

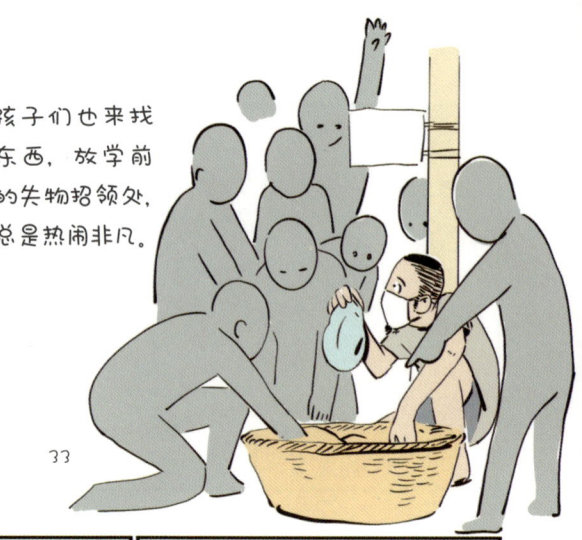

孩子们也来找东西，放学前的失物招领处，总是热闹非凡。

33

不光失物招领处，Luna 搞丢的东西可能在任何地方。

搜寻中

34

在小野班里放水杯的桌子下看到过 Luna 的帽子。

35

在空无一人的食堂看到过 Luna 的水杯，外加一个口罩。

36

在一个公共储物柜看到过丢了一个月的运动鞋。

37

38

是别的娃的鞋吗？

39

不确定，只能先放回去，暗中观察。半个月后没人拿就一定是 Luna 的鞋。

40

截止到发稿之日，另一双"艾莎"鞋还杳无音讯。

在 Luna 搞丢的所有东西中，最让人恼火的是裤子！

一个女孩子，上学把裤子丢了！成何体统！

那天游泳课，换下来的裤子就这么不见了！

Luna，你在哪儿换的衣服？

在班里。

然后呢？

去了那边。

不对不对，去了那边。

算了……算了……找不回来了，所有校服都一样，这咋找啊！

爸爸，我以后可以用自己的裙子搭校服吗？像这样！

不行。

把 Luna 所有上学用品都写上名字！

我让你丢！我让你丢！

都写上名字！

我好像做出了一个奇怪的服装品牌……

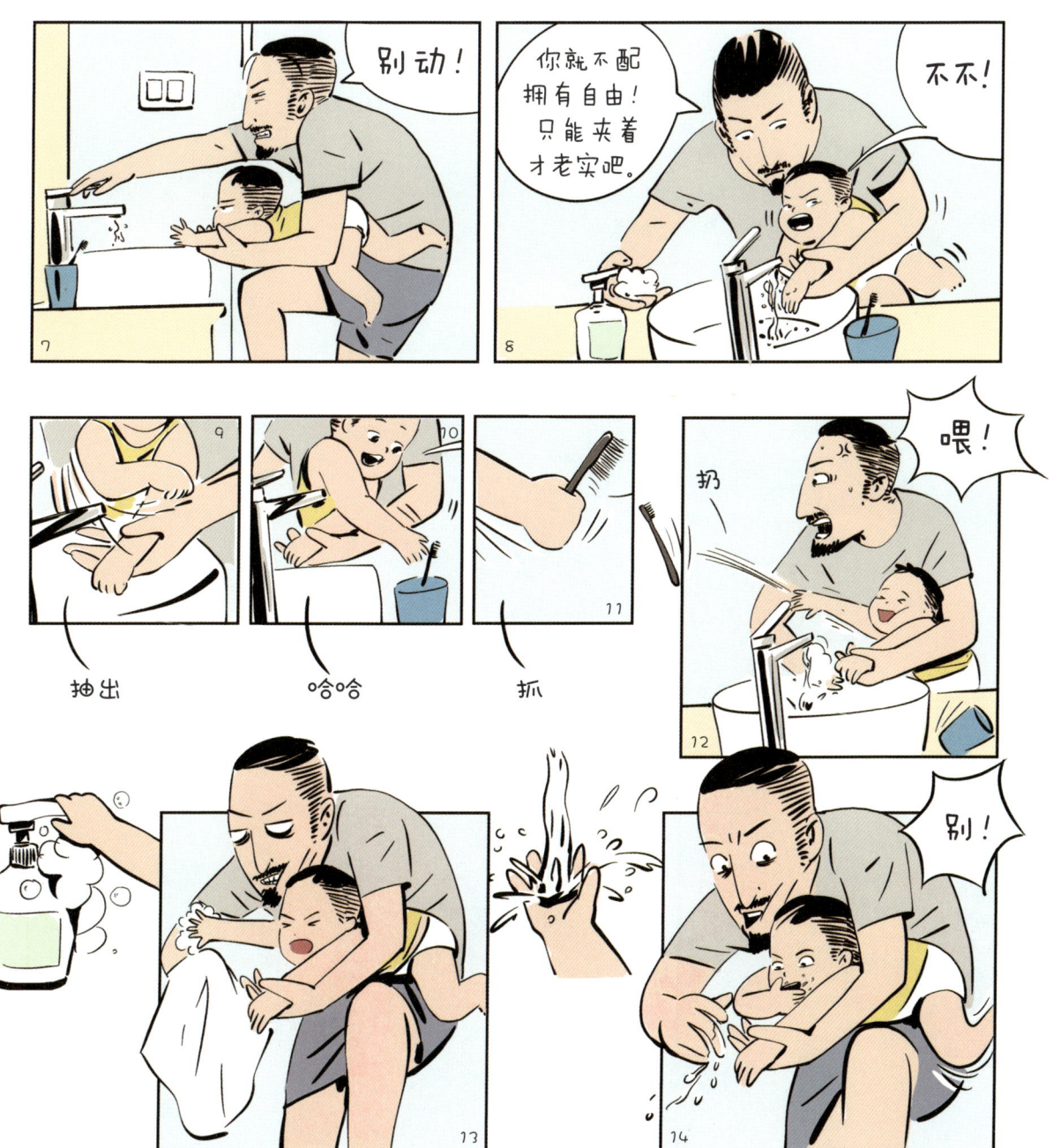

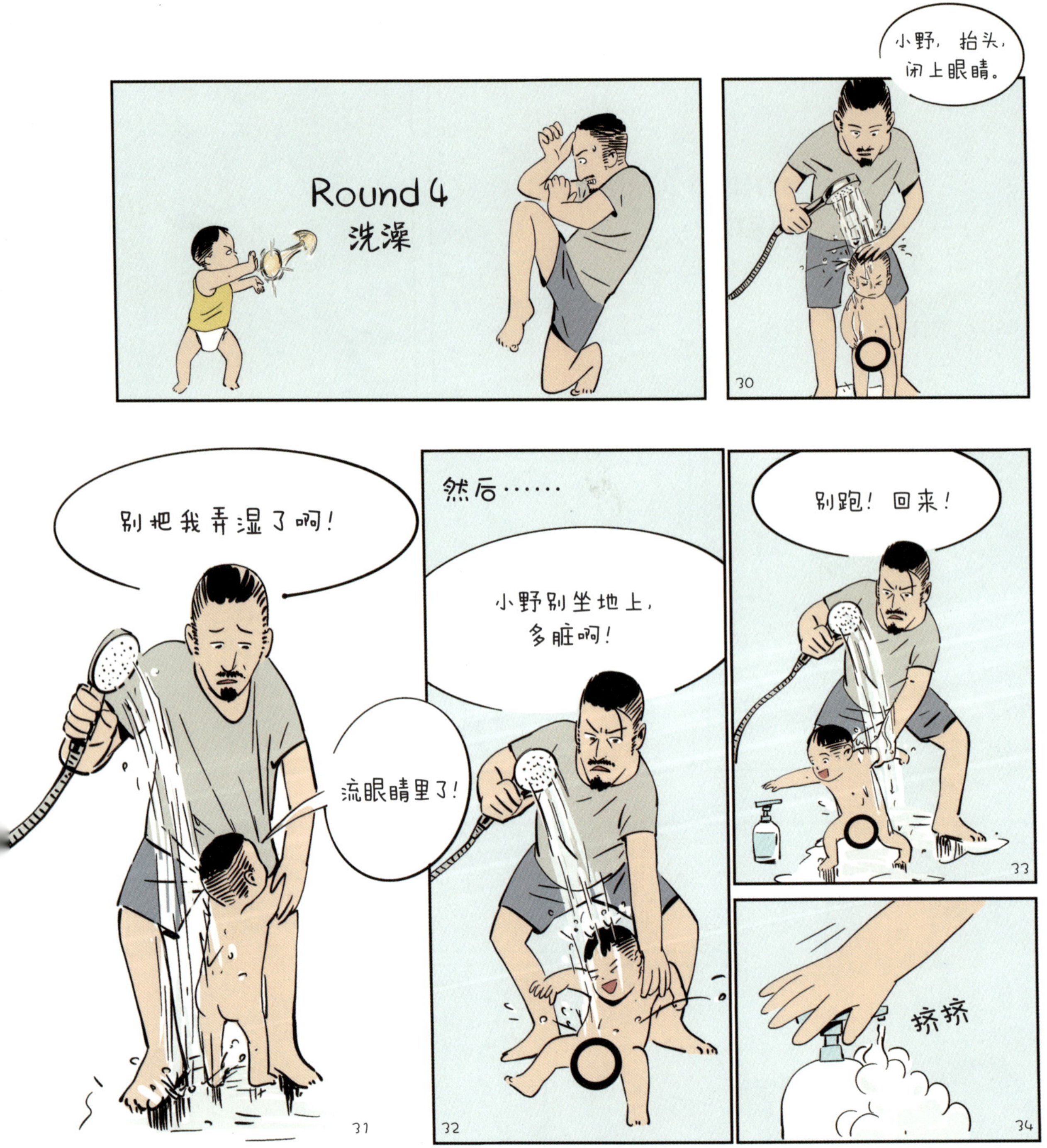

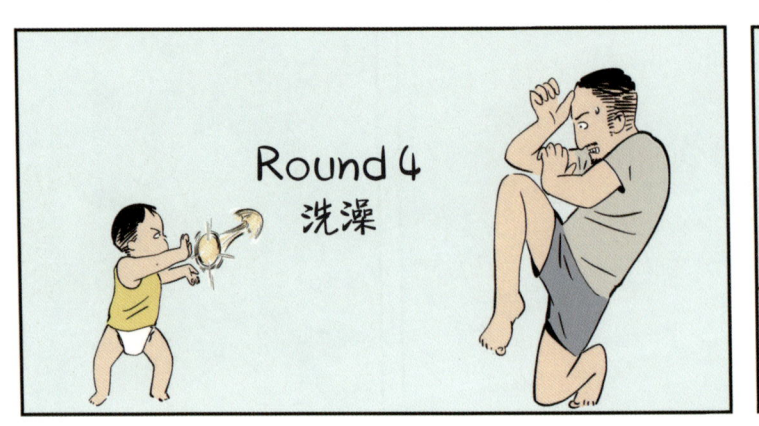
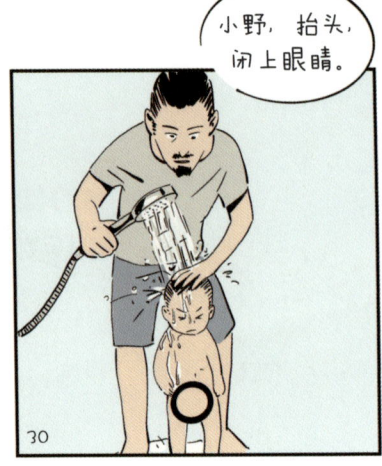

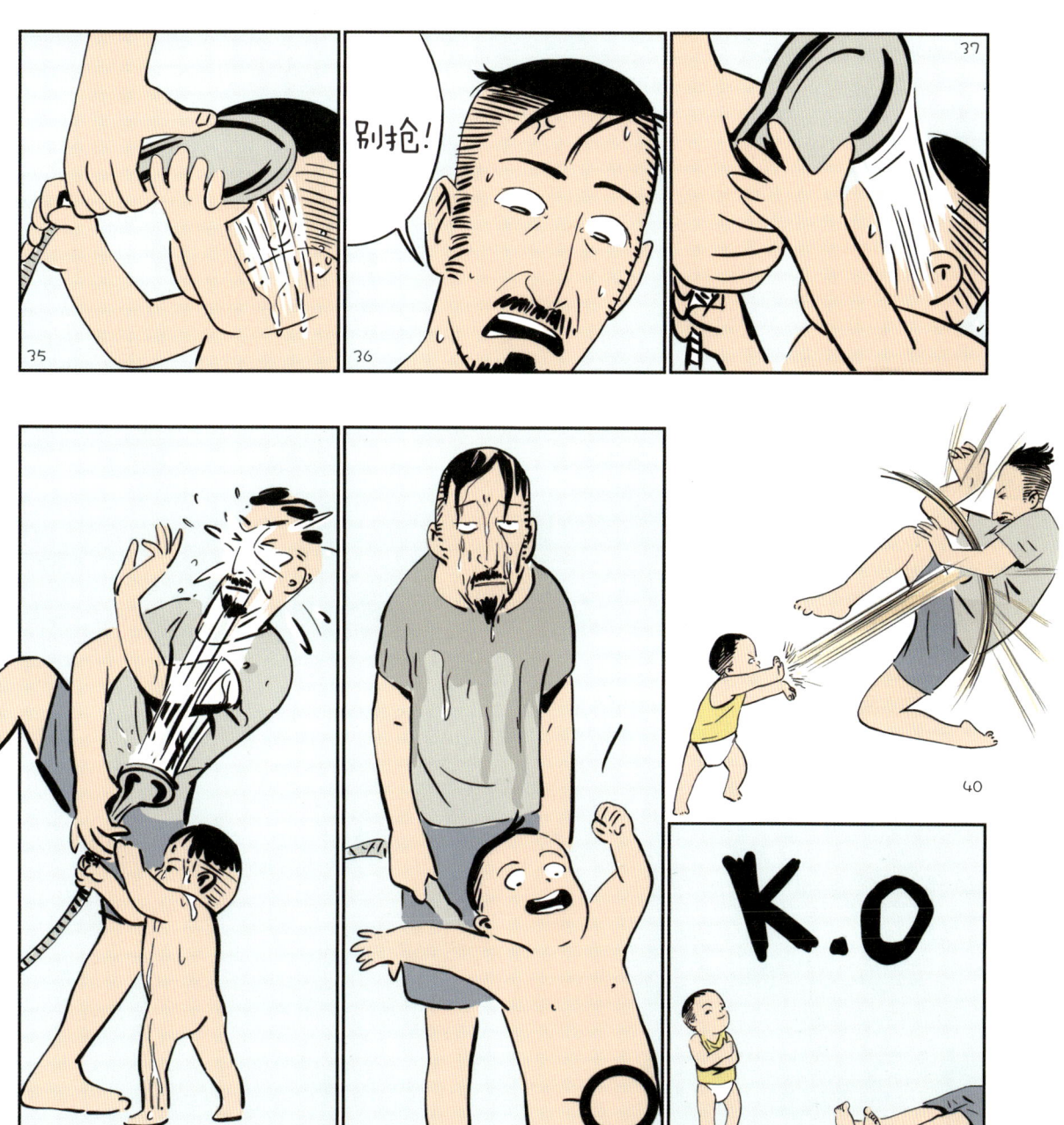